Axel Graser

Im Sattel durch den Busch und in die Berge

www.tredition.de

© 2018 Axel Graser

Verlag & Druck: tredition GmbH, Hamburg

ISBN
Paperback   978-3-7469-3241-5
Hardcover   978-3-7469-3242-2
e-Book   978-3-7469-3243-9

Inhalt

"Das Auto hat das Pferd noch lange nicht verdrängt oder kennen Sie ein Denkmal, auf dem ein Mann am Steuer sitzt?"

(Hans-Günter Winkler)

Vorwort

von Grischa Ludwig

Deutschland kann im Reitsport in allen olympischen Disziplinen Dressur, Springen und Vielseitigkeit auf eine lange und sehr erfolgreiche Tradition zurückblicken. Dasselbe gilt für die Pferdezucht. Vor diesem Hintergrund ist es nicht verwunderlich, dass es die Westernreiterei nicht leicht hatte, sich in dieser Domäne gerade in Deutschland einen Namen zu schaffen. Dass dies trotzdem auf höchstem Niveau gelungen ist, ist sicher eine Bereicherung für den Reitsport überhaupt.

Das Buch von Axel Graser trägt auf interessante Weise ein großes Stück dazu bei, gegenseitiges Verständnis zwischen den verschiedenen reiterlichen Disziplinen zu fördern. Vor allem aber, was wir heute unter Horsemanship verstehen, in den Vordergrund zu stellen. Er blickt auf mehr als sechzig Jahre als aktiver Reiter und Pferdemann zurück. Dabei macht er kein Hehl daraus, dass er sich schon als junger Mann vom „Wilden Westen" Kanadas in besonderer Weise angezogen gefühlt hat und dort mit der Westernreiterei in Kontakt gekommen ist, als sie hier noch weitgehend unbekannt war. Was sich inzwischen zu einem höchst attraktiven Sport mit verschiedenen Disziplinen entwickelt hat, hat seine Wurzeln in der alltäglichen Arbeit der Cowboys und Waldläufer. Der Autor nimmt uns mit auf eine interessante Reise durch den kanadischen Westen, der ihn mehr als etwas anderes geprägt hat, lässt uns aber auch an spannenden Erlebnissen im Sattel in seiner schwäbischen Heimat teilhaben, die in ihm den „Ruf des Westens" mehr und mehr haben laut werden lassen.

Ein interessantes Buch für traditionelle Reiter ebenso wie für Freunde des Westernreitens und natürlich alle Pferdefreunde.

Grischa Ludwig

Europameister und Vizeweltmeistern im Reining

Im Sattel durch den Busch und in die Berge

Prolog

Wenn seit einer Reihe von Jahren immer häufiger über unterschiedliche Reitweisen diskutiert wird, dann hängt das nicht zuletzt damit zusammen, dass die Welt immer „kleiner" wird und eben auch Pferdefreunde und Reiter den Blick immer weiter über den gewohnten Tellerrand hinausrichten. Einen ganz wesentlichen Anteil daran hat natürlich auch die Reiselust, die für uns Deutsche bekanntlich eine besonders große Rolle spielt. Westernreiten ist inzwischen nicht mehr John Wayne und seinen Hollywood-Kollegen vorbehalten, wird inzwischen auch nicht mehr nur auf amerikanischen Ranches praktiziert, sondern hat auch in Europa Anhänger gefunden, deren Zahl immer mehr anwächst. Das führte dazu, dass man mit tiefster Überzeugung entweder „englisch" *oder* „western" reitet, und manche verteidigen ihre Position mit Zähnen und Klauen, obwohl man weiß, dass die Reiterei weder auf amerikanischen Ranches erfunden worden ist, noch von der preußischen Kavallerie. Wieder anderen hat es die klassisch-iberische Reitweise angetan, und die Freunde der Island-Pferde sind bekanntlich schon lange eine eigene „Gemeinde" innerhalb derer, für die das höchste Glück der Erde auf dem Rücken der Pferde liegt. Als ich einmal die Gelegenheit hatte, einen argentinischen Criollo zu reiten, staunte ich nicht schlecht, was hier alles anders lief als alles, was ich bisher kannte.

Die Menschen haben sich durch ihre Geschichte hindurch fast überall auf der Welt zu Pferd fortbewegt, in den Steppen und in der Wüste, in den Bergen und im tiefsten Busch, als Hirten, als Jäger, als Krieger und Soldaten, oder einfach nur zum Vergnügen. Dass aus der Gebrauchsreiterei im Laufe der Zeit ein Sport oder ein Freizeitvergnügen geworden ist, ändert nichts daran, dass Ziel und Zweck über die Art und Weise, wie geritten wurde, bestimmte und nach wie vor bestimmt.

Es liegt mir fern, der Flut von Büchern, die sich mit Reitweisen, der Ausbildung von Pferden und Reitern, der richtigen Unterbringung, Pferdepflege, oder vielem mehr befassen, ein weiteres „Lehrbuch" hinzuzufügen. Ich kann das nicht und ich will es auch nicht. Dazu habe ich habe zu viele fantastische Englisch-Reiter kennengelernt und ebenso viele erstklassige Westenreiter, von anderen ganz zu schweigen. Und leider genauso viele absolut „beschissene", ganz gleich, welche Turniererfolge sie einheimsen konnten, ob western, englisch oder sonst wie. Ich bin kein Reitlehrer und habe auch keine besonderen Turniererfolge aufzuweisen, umso dankbarer bin ich dafür, durch Jahrzehnte hindurch verschiedene Seiten der Reiterei ganz praktisch kennengelernt zu haben. Dabei habe ich es immer mehr zu schätzen gelernt, im Pferd einen Partner zu haben, mit dem man im wahrsten Sinne des Wortes durch Dick und Dünn gehen kann. Ich bin ich immer ein Geländereiter gewesen und habe auch nie etwas anderes sein wollen. Dabei hat mich die Zeit, die ich im Laufe vieler Jahre immer wieder im Westen Kanadas verbracht habe, und wo ich sehr intensiv mit Pferden zu tun hatte und vor allem viel über das Verhalten dieser fantastischen Tiere lernen durfte, zweifellos stark geprägt. Trotzdem sind meine Pferde daheim in Deutschland nicht western gezäumt und tragen keine Westernsättel. Dass in der Art, wie ich reite, Elemente beider – der so genannten englischen, als auch der Westernreit-weise - enthalten sind, weiß ich und bin der Meinung, dass dies kein Problem ist, solange der Respekt den Pferden entgegengebracht wird, den sie verdienen. Und das geschieht in traditionellen europäischen Reitställen, auf amerikanischen oder kanadischen Ranches, in der Wüste und in den Weiten der mongolischen Steppe oder wo auch immer. - Oder es geschieht eben leider nicht.

Abenteuer im Sattel

Pferde üben auf uns Menschen eine unvergleichliche Faszination aus. Das war schon immer so. Neben dem Hund sind Pferde unsere engsten Weggefährten, und das seit Jahrtausenden. Als Gehilfen bei der Arbeit, im Krieg, im Sport in allen erdenklichen Variationen oder ganz einfach zu unserem Vergnügen haben wir uns ihre Kraft, ihre Schnelligkeit und vor allem ihr außergewöhnliches gutmütiges Wesen zunutze gemacht. Und nicht selten auch missbraucht.

Als jedoch vor etwas mehr als hundert Jahren der Verbrennungsmotor seinen Siegeszug antrat und immer unverzichtbarer für unser Zusammenleben und unsere Arbeit wurde, sah es einige Jahrzehnte lang tatsächlich so aus, als sei das Pferd bald ein Relikt aus längst vergangener Zeit, welches man bald nur noch im Zoo antreffen würde. Doch die Faszination, die die Pferde auf uns Menschen ausüben, starb nicht, ganz im Gegenteil, das Pendel schlug stärker in die andere Richtung aus, als selbst die größten Optimisten zu hoffen gewagt hatten. Der Pferdebestand - nicht allein in Deutschland - erholte sich in einem Maß, dass er bald wieder Rekordzahlen erreichte. Die alte Leidenschaft vieler Menschen für den Umgang mit Pferden, vor allem für die Reiterei erwachte zu neuem Leben und leitete eine neue Epoche ein. Das Pferd bekam einen neuen Stellenwert. Zum ersten Mal seit vielen Jahrhunderten waren wir nicht mehr auf unseren vierbeinigen Gehilfen angewiesen, und damit wurde eine Seite entdeckt, die in der Geschichte nur von einzelnen erkannt und genutzt worden ist. Um Pferde für unsere Zwecke nutzbringend einsetzen zu können, haben wir ihnen viel beigebracht, viel Sinnvolles und viel Unsinniges. Nur selten ist jedoch darüber nachgedacht worden, ob Pferde nicht auch uns einiges beibringen können.

Wenn heute Pferde im Kommunikationstraining im Rahmen beruflicher Weiterbildungsmaßnahmen für Manager und Führungskräfte immer häufiger als so genannte „Co-Trainier" herangezogen werden, steht dahinter eine sehr interessante Erkenntnis: Wir können tatsächlich vom Verhalten der Pferde Dinge lernen, die uns im Zusammenleben mit unseren Mitmenschen - beruflich wie privat – weiterbringen. Schon der griechische Philosoph Xenophon, der die erste Reitlehre in der Geschichte verfasst hat, hat diese Erkenntnis zur elementaren Grundlage seiner Lehre gemacht. So ist es auch nicht von ungefähr, dass im ehemals deutschen Kaiserreich Offiziere reiten lernen mussten, auch wenn in Ihrer Waffengattung keine Verwendung für Pferde vorgesehen war. Pferde lehren uns ohne Worte, sondern allein durch ihr Verhalten und ihre Reaktionen, wertvolle Lektionen, die für die Entwicklung unserer Persönlichkeit von großer Bedeutung sind. Dies ist im Laufe der Geschichte immer wieder erkannt worden, und leider auch immer wieder in Vergessenheit geraten.

Für mich ist Reiten immer etwas ganz Besonderes gewesen. Ich habe weniger einen Sport darin gesehen (sportliche Herausforderungen hatte ich auf anderen Gebieten zur Genüge), was mich weit mehr fesselte und nach wie vor fesselt, ist der Hauch von Abenteuer, den das ungezwungene Galoppieren durch Wald und Feld und die ständige Suche nach neuen Herausforderungen in der Natur vermittelt. Ein Empfinden, das ein Reiter nirgends sonst so intensiv erfahren kann, als in der freien Wildbahn. Es ist faszinierend zu erleben, wie diese starken und doch furchtsamen Tiere in den unterschiedlichsten Situationen reagieren, und immer wieder dazu veranlassen zu hinterfragen, ob sie uns dabei vertrauen, oder nicht. Sie zeigen uns unmissverständlich, ob sie uns akzeptieren oder nicht. Gerade wenn es darum geht zu erkennen, ob jemand eine authentische Führungspersönlichkeit ist oder nicht, sind die Erkenntnisse, die uns Pferde vermitteln, faszinierend.

Im Sattel erlebe und genieße als inzwischen Siebzig-Jähriger noch immer die Natur zusammen mit dem ältesten Weggefährten des Menschen in unvergleichlicher Weise. Ganz gleich, ob ich einige Tage lang irgendwo in einem fernen Land unterwegs bin oder daheim einfach nur eine Stunde durch den Wald reite, sei es bei schönstem Sonnenschein, in Sturm und Schneetreiben, oder ob es so dunkel ist, dass man sich besser auf die Sinne des Pferdes verlässt, als auf die eigenen.

Den Höhepunkt meines bisherigen Reiterlebens stellt deshalb jene Zeit dar, als ich als junger Mann fernab jeglicher Zivilisation in der Wildnis Westkanadas oft tagelang mit Sattel- und Packpferd unterwegs war. Es war im Sommer 1978, als ich nach einigen Erfahrungen als *Trailrider* schließlich zusammen mit drei Cowboys einen recht abenteuerlichen Ritt zum letzten großen Rinderpionier des amerikanischen Westens unternahm und mit diesem außergewöhnlichen Abenteurer und großartigen *Horseman* noch Augenzeuge dessen werden durfte, was wir normalerweise nur aus Wildwestfilmen und Romanen kennen. Damals habe ich das Leben mit Pferden von einer ganz neuen, für mich als Mitteleuropäer unbekannten Seite kennengelernt, und das hat mich unauslöschlich geprägt. Vor allem wurde mir dabei bewusst, dass Pferde, wenn sie naturkonform leben und agieren können, uns tatsächlich jede Menge zu sagen haben. Die Wildnis ist faszinierend schön und vielleicht schon im nächsten Augenblick unerbittlich hart und bedrohlich. Aber ist unser zivilisiertes Leben das nicht auch?

Als ich diese Geschichte Jahre später in einem Autorenwettbewerb des bedeutenden deutschen Reisemagazins „Abenteuer und Reisen" veröffentlichte, erhielt ich dafür den ersten Preis. Aber es war weniger der gewonnene Preis, der mich stolz machte, als vielmehr das Erlebnis, das kaum einem anderen Reiter je zuteilgeworden ist, und das ich nie wiederhaben werde. Doch bis dahin war es ein langer Weg gewesen.

Verrückt nach Pferden

Um schon mit siebzehn den Führerschein zu machen, brauchte ich eine Sondergenehmigung. Da ich in einem Autohaus aufgewachsen bin, wollte mein Vater, dass mein Bruder und ich auch recht zeitig zu fahren lernten. Offiziell zu fahren, wohlgemerkt. Denn eigentlich konnte ich es längst, ich durfte nur nicht. Auf öffentlichen Straßen jedenfalls nicht. Nun gehörte zu dieser mit Sondergenehmigung abgelegten Prüfung allerdings ein psychologischer Eignungstest, und den habe ich als sehr unangenehm in Erinnerung. Vielleicht liegt es an diesem Eignungstest, dass ich heute noch den allermeisten Psychologen eher kritisch gegenüberstehe. Dieser Mann jedenfalls hatte für mich etwas Gruseliges an sich, und seine Fragen, die, wie ich den Eindruck hatte, alle nichts mit dem Führerschein und Autofahren zu tun hatten, ließen mich meinerseits fragen, ob bei ihm alles okay war im Kopf. Natürlich fragte ich ihn nicht, denn schließlich war ja er es, der genau dieses bei mir ermitteln wollte und sollte. Und am längeren Hebel saß nun mal er.

Was für ein Auto ich am liebsten hätte, wenn ich wählen könnte, war eine seiner Fragen so gegen Ende der Sitzung, und er schaute mich neugierig über seinen Brillenrand an. Träumte ich von einem Porsche oder einem Ferrari? Er erwartete wohl, dass ich irgend so etwas in der Art von mir gab und bei ihm einen Aha-Effekt auslöste. Was sollte ich also sagen? Ich war geprägt von der Marke, die mein Vater verkaufte, außerdem waren Autos grundsätzlich nichts, was mich vom Stuhl riss. Schließlich war ich damit aufgewachsen.

„Ein Pferd", schoss es mir durch den Kopf. Ich will kein Auto, keinen bestimmten Sportwagen oder so was, nein, was ich mir mehr als alles andere wünschte, war ein Pferd. Ein eigenes Pferd!

Ich verbiss mir die Antwort. Wenn ich das sage, kam es mir ganz spontan, dann hält er mich wirklich für übergeschnappt, und ich kann das mit dem Führerschein vergessen! Meine Antwort fiel also schön brav und bescheiden aus und so, wie ich mir ausmalte, dass der Herr mit der Brille es hören wollte, und tatsächlich wurde ich für geeignet erklärt, nun den Führerschein ein Jahr früher als üblich zu erwerben. Auch Psychologen sind schließlich keine Hellseher!

Viel wichtiger, als endlich Autofahren zu dürfen, ist für mich gewesen, als mein Vater mir als Neujährigem ermöglicht hatte, im örtlichen Reitverein Reitunterricht zu nehmen. Regelmäßig ging ich nun zum Voltigieren, etwas vom Besten, was man einem Kind antun kann, und nahm erste Reitstunden in der Reithalle. Wie lange aber würde es wohl dauern, bis ich hinaus durfte ins Gelände? War es nicht Sinn und Zweck des Reitens, über Stock und Stein zu galoppieren? Unser Reitlehrer Heinrich

Janzon war einer der besten weit und breit, wie ich erst später nach und nach erfuhr und heute auch bezeugen kann. Preuße durch und durch, abgehalfterter Kavallerieoffizier, Typ harter Hund. Und alles andere als zaghaft. Er ritt regelmäßig mit seinen Schülern, also auch mit uns Kindern, ins Gelände, was durchaus nicht jeder auf sich genommen hätte. So kam irgendwann auch für mich der Tag X, ich durfte das erste Mal mit. Ich sollte „Schwarzwald" reiten, einen großen, schweren Rappen, der noch den Kanonendonner an der Ostfront im Zweiten Weltkrieg kennengelernt hatte. Das Pferd war viel zu mächtig für einen kleinen Knirps wie mich. „Mann, wenn der mit dir durchgeht" beschlichen mich trotz aller Freude ein paar weniger beruhigende Gedanken, „dann gute Nacht." - Und wie konnte es auch anders sein, genau so lief es.

Zwei Stunden waren wir unterwegs gewesen, eine kleine Gruppe, in der ich der Kleinste war. Von der Reithalle weg ging es erst mal einen steilen, einen sehr steilen steinigen Weg bergauf, und Herr Janzon nahm Schwarzwald zunächst an einem Führstrick an die Hand. Zwei Stunden lang ging auch alles gut, ich war im siebten Himmel, genau so musste sich reiten anfühlen! Doch dann ging es irgendwann wieder den steilen Hang hinunter, was eher ein hintereinanderher rutschen war, zurück zur Reithalle. Der Reitlehrer hatte mich inzwischen allein reiten lassen und ritt nun uns allen voraus, um von unten jeden einzelnen im Auge zu behalten. Doch da geschah es, einer der Jungs, der schon ein eigenes Pony hatte, ließ dieses einfach laufen, und wie auf Kommando galoppierten alle anderen hinterher. Wenn ein Pferd wegrennt, rennen alle weg, das wusste ich, aber jetzt wusste ich auch, wie sich das anfühlt. Im gestreckten Galopp donnerte mein Kampfross den Steilhang hinunter, überquerte eine schmale Straße, bog in vollem Tempo auf die kleine Holzbrücke ein, die zum Stall führte. Noch heute höre ich das Donnern der Hufe auf den Holzdielen und spüre, wie warm es mir im Bauch war. Trotzdem, alles ging gut. Auch das Donnerwetter des ehemaligen preußischen Offiziers.

Wie alle, die in den Fünfziger und Sechziger Jahren des vorigen Jahrhunderts hier zulande vom Pferdebazillus infiziert waren, habe auch ich meine reiterlichen Anfänge in einem sehr gediegenen und traditionsbewussten Reitverein gemacht. Eine andere Möglichkeit gab es nicht. In jener Zeit waren es, verglichen mit heute, in Deutschland wenige, die sich vom Reitsport angezogen fühlten, oder Gelegenheit hatten, reiten zu lernen. Der Ton und die Disziplin in der Reitbahn damals konnten den guten alten preußischen Kommiss nicht verleugnen. Aber ich bin für vieles, was ich damals als Kind lernen durfte, heute noch dankbar. Da ich aber mit meinen Eltern schon als Kind auch viel gereist bin, und schon wenige Jahre nach Ende des Zweiten Weltkriegs andere Länder und Menschen kennenlernen durfte, ist mir auch recht früh aufgefallen, dass man anderswo anders reitet, als ich es in meinem Reitverein auf der Schwäbischen Alb beigebracht bekam. Die *Gardians* in der Camargue „hingen" - so schien es mir – geradezu gelangweilt auf ihren kleinen weißen Pferden und stellten dabei die Beine ab, dass ihnen mein Reitlehrer das Fell über die Ohren gezogen hätte. Trotzdem dirigierten sie sie spielerisch und erstaunlich präzise durch die wilde Landschaft mit den Herden schwarzer Stiere und Kühe. Und als ich einmal dem wohl größten Meister der spanisch-iberischen Reitweise zuschauen konnte, brach mein Glaube an eine „einzig richtige" Reitweise vollends zusammen. Don Angel Peralta galt zusammen mit seinem Bruder Rafael in den Sechzigerjahren als der beste berittene Torero der Welt, und was er an reiterlichem Können zeigte, raubte mir buchstäblich den Atem. Wie man der blutrünstigen Tradition des Stierkampfes gegenübersteht, ist eine Sache, dass dieser Mann im Sattel höchste Kunst zeigte, wie ich es noch nie gesehen hatte, eine andere. Dabei konnte in der Arena der kleinste Fehler Pferd und Reiter das Leben kosten.

Als ich dann wenig später auf einmal Gelegenheit bekam, meinen Traum vom Reiten, so wie ich es mir immer vorgestellt hatte, umzusetzen, war das ein Geschenk des Himmels für mich. Manfred Linder, ein Freund von mir, bekam nämlich von seinem Vater zwei Shetland Ponys und einen Esel geschenkt, und ich die Möglichkeit, sie zu reiten. Manfreds Vater hatte ein altes Gasthaus außerhalb der

Stadt gekauft und es in ein feines Restaurant verwandelt. Da er selber im Krieg bei der Kavallerie gedient hatte, war er natürlich ein Pferdefreund und baute neben dem Restaurant einen Stall. Er selber konnte wegen eines steifen Beines allerdings nicht mehr reiten, aber er hatte wieder Pferde um sich. Auch wenn es „nur" Ponys waren. Ich glaube, dass der Idee und dem Ziel dieses raubeinigen und naturverbundenen Unternehmers ein wenig die „Immenhof-Triologie" Pate gestanden hat, die damals über die Kinoleinwände und schnell auch über die Fernsehbildschirme flimmerte. Eine Sehnsucht nach heiler Welt und freier Natur, in der Pferden einfach nicht länger fehlen durften, hat so wenige Jahre nach dem Ende des Krieges immer mehr Menschen in Beschlag genommen. Dass Ursula Bruns, die Autorin der Immenhof-Geschichten, ein neues Kapitel in der deutschen Reiterei aufgeschlagen hat, war zunächst kaum jemandem bewusst. Von vielen als „Pony-Reiter-Päpstin" tituliert hat sie doch eine echte Alternative aufgezeigt zum bis dahin allein von der zackigen preußischen Kavalleriereiterei dominierten Pferdewelt in Deutschland. Als weitgereiste Dame in Sachen Pferde hat sie gezeigt, dass Reiten nicht Ausdruck gesellschaftlicher Noblesse sein muss, und dass Pferde echte Freunde sein können. Dass sie Leute sie den erfolgreichen Springreiter Rolf Becher und die berühmte Amerikanerin Linda Tellington-Jones um sich scharen konnte, ließ viele Pferdefreunde aufhorchen.

Bubi war ein weißer Shetland-Hengst, und er stand mir nahezu uneingeschränkt zur Verfügung. Wann immer es möglich war, war ich auf dem „Linderhof" und streifte durch das Gelände. Die Zeit begann, in der ich mein Limit Schrittchen um Schrittchen erweiterte. Geographisch, indem ich „mein" Revier in Wald und Feld immer ein wenig mehr ausdehnte, aber auch in Bezug auf meine persönliche Entwicklung. Hier war ich auf mich allein gestellt, ich lernte, Bubi zu vertrauen, und hatte allmählich auch das Gefühl, dass er mir vertraute. Es war so ganz anders als im Reitverein, wo man ein Pferd für die Schulstunde oder auch einen gemeinsamen Ausritt zugeteilt bekam, und es hinterher wieder in den Stall stellte. Zu Bubi baute ich ein persönliches Verhältnis auf, und er zu mir. Ich fühlte mich verantwortlich für ihn, wenn ich im Gelände mit ihm unterwegs war, denn es gab keinen Reitlehrer, der eingreifen konnte. Kindlich naiv wuchsen wir zusammen, und ich konnte mir ein Leben ohne Pferde einfach nicht mehr vorstellen. Ich war dem „Wilden Westen", einen Schritt nähergekommen!

Dafür, dass es mir bis heute trotz niederschmetternder Schicksalsschläge vergönnt ist, noch immer durch Wald und Flur zu galoppieren, und mich zusammen mit meinen athletischen vierbeinigen Freunden als Teil der Natur zu fühlen, kann ich dem Herrgott nur danken!

Im Galopp hinter der Meute

Die Atmosphäre ist angespannt. Dreißig bis vierzig Reiter haben sich auf der Hochfläche inzwischen zusammengefunden. Aus verschiedenen Richtungen sind sie her geritten, in kleinen Gruppen, manche auch allein. Es ist ein Bild wie aus der „guten alten Zeit": Rote und schwarze Röcke, weiße Hosen, polierte Stiefel und auf dem Kopf die obligatorische Jagdkappe. Es ist Herbst. Und die Fuchsjagd der Höhepunkt der Geländesaison, ein sportliches und gesellschaftliches Ereignis. Einige der Pferde schwitzen bereits ein wenig, vielleicht, weil sie schon eine kleine Strecke hinter sich haben, vielleicht auch einfach nur vor Aufregung. Einen Steinwurf weiter wird die Meute englischer *Foxhounds* von drei Reitern zusammengehalten. Diese mittelgroßen, drahtigen und sehr schnellen Jagdhunde werden auf den britischen Inseln seit Jahrhunderten dafür gezüchtet, in der Meute dem Wild zu folgen, es zu stellen und es dann den berittenen Jägern zum Abschuss zu überlassen. In Deutschland ist die Jagd zu Pferde auf lebendiges Wild längst verboten, und das ist gut so. Die Hubertusjagd trotzdem zu genießen, wird dadurch in keiner Weise beeinträchtigt, ganz in Gegenteil.

Jagdreiten gehört für mich zu den Erlebnissen, die ich durchaus in die Philosophie, die der Reiterei für mich zugrunde liegt, einordnen kann. Im Galopp hinter einer Hundemeute über abgemähte Stoppelfelder und abgegraste Schafweiden zu reiten und über massive Hindernisse zu springen, vereinigt einen Hauch von Abenteuer mit einem Hauch von „guter alter Zeit", die eine gewisse Noblesse ausstrahlt. Dabei geht es nicht um Gewinnen oder Verlieren, sondern darum, verschiedene Herausforderungen, die das Gelände an Pferd und Reiter stellt, zu meistern und Fairness den Pferden gegenüber ebenso, wie den Reiterkameraden gegenüber zu zeigen.

Es waren die Engländer, die innerhalb Europas in der Reiterei immer etwas eigene Wege gegangen sind. Natürlich stand auch in England die militärische Ausbildung und Nutzung der Pferde im Mittelpunkt, aber in der privaten Ausübung der Reiterei, wie sie von der gehobenen Gesellschaft betrieben wurde, spielten andere Gesichtspunkte die wesentliche Rolle als auf dem europäischen Festland, wo das höfische Frankreich den Ton angab. Wurde hier in der Reiterei eine Form von praktizierter Schöngeisterei gesehen und gepflegt, bei der Eleganz im Vordergrund stand, war der britische Adel eher der Jagd zugetan. „L' art pour l'art", die Kunst um der Kunst willen war es, das vor allem in Frankreich die Richtung bestimmte und sich in immer neuen, perfekteren Formen getänzelter Dressurreiterei zeigte, der auch andere Nationen nacheiferten, wogegen die Engländer dem „noblen Champagner reiterlicher Tanzvorführungen" den eher „herben Whisky des Jagdreitens" vorzogen.

Die Nervosität, bis es losgeht, die schnaubenden und stampfenden Pferde, die bunt gefärbten Blätter an den Bäumen, die Jagdhornbläser, die zum Aufbruch blasen, nachdem man den „Satteltrunk" zu sich genommen hat, all das gehört einfach zusammen. Spannung liegt in der Herbstluft. Auf der Schwäbischen Alb ist es einem nicht immer vergönnt, im Herbst ein Jahrhundertwetter zu erwischen, wenn man sein Pferd sattelt, um sich für die Fuchsjagd - oder Hubertusjagd – zu rüsten. Vor allem in den Jahren, in denen sich bei uns in Deutschland die Reiterei weitestgehend in den Vereinen abgespielt hat, wo man sich dann die meisten für die weniger freundliche Jahreszeit in die schützende Reithalle zurückzog, stellte dieses Ereignis einen vorübergehenden Abschied von Feld und Wald dar. Inzwischen hat die Pferdehaltung in privaten Ställen ein gewaltiges Ausmaß angenommen, und immer mehr Reiter sind ausschließlich im Gelände unterwegs, so wie ich es fast immer gehalten habe. Ungeachtet der Jahreszeit, und fast ungeachtet des Wetters. Trotzdem ist und bleibt die Hubertusjagd etwas Besonderes.

Eine halbe Stunde noch, und die Jagd beginnt! Der Master gibt das Zeichen zum Aufreihen. Wie bei der alten Kavallerie steht nun Pferd neben Pferd in einer weitestgehend geraden Linie und hören der Ansprache des „Masters" zu. Er erklärt den Streckenverlauf - das „Geläuf" -, mahnt zu Fairness und zu Vorsicht, besonders an den fest aufgebauten Hindernissen, und gibt noch einige Regeln bekannt. Dann wird der Satteltrunk gereicht. Jagdhornbläser blasen zum Halali.

Ein Reiter ist schon vor einiger Zeit losgaloppiert, hinüber über das abgemähte Kornfeld zunächst, um dann irgendwo zwischen Wachholderhecken und Bäumen zu verschwinden. Er ist der „Fuchs", er legt die Fährte, der die Hundemeute in wenigen Augenblicken folgen wird. Endlich werden sie losgelassen, und wie aus einem Guss jagen sie in die Richtung, in der der „Fuchs" verschwunden ist.

Wir folgen dem „Geläut" - zu Deutsch: dem wilden Gebell der Hunde - in einem gemäßigten Galopp. Ob die Pferde mehr angespannt sind oder wir Reiter lässt sich schlecht sagen. Es geht über das erste Hindernis. Ein gewisses Drängeln lässt sich nicht vermeiden. Dann durch den Wald, einen lichten Buchenwald, durch dessen goldene Blätter in der Sonne in gebündelten Strahlen auf den Laubboden fällt. Wieder ein Hindernis, wieder geht es eine ganze Weile geradeaus, dann das nächste... Die Pferde schwitzen, und auch beim einen oder anderen Reiter und der einen oder anderen Amazone wird die Anstrengung in Form leuchtend roter Gesichter erkennbar. Jemand gibt auf, verlässt die

Gruppe und reitet zurück. Ja, so ganz ohne Kondition geht es nicht! Immer wieder mal wird eine Phase eingelegt, in der man Schritt reitet, in der sich Pferde und Reiter ein wenig erholen können. Dann eine Pause, in der den Hunden Wasser gereicht wird. Und weiter geht's, weiter im Galopp.

Drei Stunden lang genießen wir die wilde Jagd durch eine unvergleichliche Landschaft, und ich denke in diesen Augenblicken, dass es nirgends auf der Welt schöner sein kann, als auf der Schwäbischen Alb mit ihren abgemähten Stoppelfeldern, den bunten Wäldern, dem rauen Wind, der auch an diesem klaren Tag nicht ganz schweigt. Drei Stunden lang dringt der Schweiß durch die Poren nicht nur unserer Pferde, und immer wieder gilt es, kurz die Zähne zusammenzubeißen, wenn sich mehrere gleichzeitig durch einen kurzen Engpass drängen, oder auf dasselbe Hindernis zustürmen. Dann, irgendwann erklingen wieder die Jagdhörner. Pferde und Reiter können durchatmen. Den Hunden wird das *Curé* vorgeworfen, ein ordentlicher Haufen Pansen, aber erst auf Kommando stürzen sich die gut erzogenen Jagdhunde drauf und in wenigen Sekunden ist nichts mehr übrig. Wir alle gleiten aus den Sätteln, man reibt die schweißgebadeten Pferde trocken, legt ihnen eine Decke über den Rücken und führt sie herum. Ich fühle mich pudelwohl. Und ich freue mich auf später, wenn die Pferde versorgt sind und man sich nochmal trifft, um die Jagd zu feiern und zu begießen. Bis zur nächsten Hubertusjagd irgendwo anders oder vielleicht auch erst im nächsten Herbst.

Winnetou

Dass ich aller heimischen reiterlichen Tradition zum Trotz mein erstes eigenes Pferd Winnetou nannte, ist kein Zufall. Meine Vorliebe für Karl Mays Apatschen-Häuptling hat mich ein Leben lang begleitet, und damit natürlich auch die Sehnsucht nach dem Wilden Westen, den es ja schon lange nicht mehr wirklich gab. So jedenfalls dachten die meisten. Auch ich. Dass ich eines Tages eines Besseren belehrt werden sollte, dass die Welt der Cowboys und Fallensteller und Indianer nämlich noch lange nicht Geschichte war, lag noch in der Zukunft. Aber woher sollte ich das wissen? So waren meine „Prärie" und meine „Wildnis" zunächst die Schwäbische Alb mit ihren Schafweiden, Wacholderbüschen, Mischwäldern und dem steilabfallenden Alb-Trauf, meine Heimat also, in der ich aufgewachsen bin. Hier irgendwo suchte ich einen Platz, wo ich Winnetou unterstellen konnte, und lernte Jürgen Loesdau kennen, den Gründer und Inhaber des heute sehr renommierten und international bekannten Reitsportunternehmens, Er hatte seine Firma erst wenige Jahre zuvor gegründet, und das Geschäft in einem einzigen Zimmer auf seinem Bauernhof eingerichtet. Ich fand nicht nur eine hervorragende Unterkunft für meinen Dreijährigen, sondern in Jürgen einen guten Reiterkameraden und kompetenten Trainer. Winnetou war nicht einfach, mit einer großen Portion Temperament gesegnet, so war er auf dem Hof versorgt, wie es besser nicht sein konnte. Er war täglich auf der Weide, was damals in kaum einem Reitstall gegeben war, und wenn ich meinte, man solle ihm doch etwas weniger Hafer füttern, weil Winnetous Temperament wirklich manchmal unberechenbar war, dann sagte Jürgen: „Wenn du meinst, ich füttere zu viel, dann sage ich dir: Reit du einfach mehr."

Wir starteten zusammen auf Turnieren, er als recht erfolgreicher Springreiter, ich als *Greenhorn* in Sachen Hindernissport. Wir ritten aber auch zusammen durch die Buchenwälder der „rauen Alb", im Herbst über die abgemähten Wiesen und Felder oder dem Albtrauf entlang, der hunderte von Metern senkrecht abstürzt und von wo aus man einen unvergleichlichen Blick auf die Burg Hohenzollern hat. Einmal ritten wir von der Albhochfläche durch dichte Wälder den Steilabhang hinunter in die Ebene, wo wir bei Reiterkameraden einen unerwarteten, aber umso fröhlicheren Umtrunk genossen. Als wir dann irgendwann bei völliger Dunkelheit den Rückweg antraten, hieß das, den Berg hinaufzuklettern, Wege und Pfade zu suchen, auf denen die Pferde überhaupt vorwärtskamen, um schließlich nach Mitternacht endlich wieder unseren Stall zu erreichen. Dieser Abstieg ebenso wie der Aufstieg war ein einziges Kraxeln und manchmal auch nur noch ein Rutschen, bei dem die Pferde Großes leisten mussten. Aber das war meine Welt, ein solcher Ritt war ein Highlight für mich, solche Touren waren die Art Herausforderung, die nur die Natur allein an einen stellen kann, auch wenn es im Sattel eines Draufgängers wie Winnetou nicht immer das reine Vergnügen war.

Ich habe mit Winnetou viele Fehler gemacht. Immer wieder habe ich sein überschäumendes Temperament meiner Wut gehorchend in den Griff zu bekommen versucht, mit dem Ergebnis, dass seine Neigung, wegzulaufen, immer nur noch stärker wurde. Wie oft ist dieses Pferd mit mir einfach durchgegangen! Auch einige Stürze, die nicht immer harmlos waren, habe ich dem Verhalten Winnetous angelastet, anstatt meine eigenen Unzulänglichkeit und Unbeherrschtheit dafür verantwortlich zu machen. Ich habe uns beiden nicht die Zeit zugestanden, die wir – er ebenso wie ich – gebraucht hätten, um einander wirklich kennenzulernen und zu wissen, was der andere will.

Manchmal kommt es im Leben aber auch vor, dass einem ein Strich durch die Planung gemacht wird und dass einen die Umstände zwingen, sein Denken und Verhalten zu ändern. So, als Winnetou eines Tages stark zu lahmen anfing. Der Tierarzt verbot mir, ihn zu reiten. Dafür sollte ich ihn aber regelmäßig spazieren führen. Und das so oft wie möglich. Im Laufe der Zeit wurden unsere Spaziergänge immer länger, und tatsächlich fruchtete diese schonende Behandlung eines Tages. Da ich es auch gewohnt war, mit meinem Schäferhund spazieren zu gehen, und ihn dabei nicht immer an der Leine zu führen, schnallte ich irgendwann einmal auch Winnetou von seinem Führstrick los und wir marschierten einfach nebeneinander her. Je häufiger ich das wiederholte, umso selbstverständlicher wurde das für uns beide. Es war bald so, als hätte ich kein Pferd mehr bei mir, sondern einen etwas groß geratenen Hund, der mit gehorsam folgte.

Als mir eines Tages schließlich wieder erlaubt wurde zu reiten, und ich wieder anfing, die Touren allmählich länger und länger zu machen, ritt ich an einem Samstagnachmittag in den Reitstall, wo ich als Kind angefangen hatte. Vielleicht zwei Stunden waren wir unterwegs, bis ich dort ankam. Ich stieg ab, führte Winnetou in einen Vorraum zwischen Stallungen und Reithalle und band ihn dort an. Der alte Reitlehrer hatte gerade seine Reitstunde beendet, er freute mich über meinen Besuch und wir kamen ins Gespräch. Schließlich kannten wir einander schon ein halbes Leben lang.

„Komm" sagte er nach einer Weile, „lass uns nach draußen gehen und auf die Bank sitzen und ein bisschen quatschen. Binden wir das Pferd lieber vor dem Haus an, dort scheint die Sonne, und es zieht auch nicht..."

Okay, ich band Winnetou los, Reitlehrer Schulz und ich traten ins Freie und Winnetou – folgte mir, ohne dass ich auch nur ein Wort sagte. Der alte Pferdemann blieb stehen, schaute Winnetou an und dann mich, dann sagte er: "So was, der hat aber verdammt viel Vertrauen zu dir! – Sag, machst du das immer so?"

Ich hatte mir wirklich nichts dabei gedacht, und ich wollte diesem alten Kavalleristen auch keine Demonstration darbieten. Ich war es einfach gewohnt, dass Winnetou mir folgte, und er war es gewohnt, hinter mir herzulaufen.

Horsemanship – was soll das sein?

Als ich mit Winnetou durch die Wälder und über die Wiesen der Schwäbischen Alb ritt, und als ich ihm und mir das Leben manchmal schwermachte, kannte ich einen Begriff, der inzwischen in der Reiterei gang und gäbe ist, noch nicht, nämlich den Begriff *Horsemanship*. Was soll man darunter verstehen? Was ist damit gemeint? Ganz einfach: Es ist nicht mehr und nicht weniger, als ein Pferd als das zu verstehen, was es nun mal ist, nämlich ein Pferd, und so mit ihm zu kommunizieren, dass es uns versteht, und es so zu behandeln, wie mal einen guten Freund behandelt. Und das ist schlicht und einfach eine Frage des Einfühlungsvermögens.

Pferde haben im Laufe der Jahrtausende unendlich viel Leid erfahren müssen. Wenn wir uns in einem Museum einmal die martialischen Geschirre aus dem Mittelalter anschauen, fällt es schwer, von Pferdeverstand der Menschen zu reden. Von Tierliebe ganz zu schweigen. Nicht anders, wenn wir an die „großen" alten Meister des Barock und ihre brutalen Ausbildungsmethoden denken, oder – bis heute – an das, was der menschliche Ehrgeiz auf den Rennbahnen und auf Turnierplätzen und in Rodeo-Arenen bis heute oft zustande bringt. Natürlich ist es immer die Zweckdienlichkeit, die mehr oder weniger über Methoden und Ausrüstung bestimmt, was durchaus einleuchtend ist, aber der Zweck heiligt nicht jedes Mittel. Ich habe ganze Tage im Westernsattel zugebracht, hätte ich das in meinem deutschen Vielseitigkeitssattel versucht, hätte ich hinterher sicher nicht mehr gewusst, wie mich aufgrund meines wundgescheuerten Hinterns noch auf eine Bank setzen sollte. Andererseits möchte ich im Westernsattel über keine höheren Hindernisse springen. Jeder Zweck erfordert nun mal eine andere Ausrüstung und eine angepasste Art zu reiten, was absolut verständlich ist, das muss aber nicht zu fragwürdigen Methoden und Hilfsmitteln führen.

Den zweifellos gewaltigsten Einfluss auf den langen Prozess, den die Reiterei im Laufe von vielen Jahrhunderten durchlaufen hat, hatte zweifellos das Kriegshandwerk. Berittene haben gegenüber den zu Fuß kämpfenden Soldaten nun mal elementare Vorteile, und das hat die Reiter schließlich überall auf der Welt zu Elitesoldaten gemacht. Erst die Motorisierung, die im Ersten Weltkrieg ihren Anfang nahm, hat dies geändert. Allerdings waren nicht alle, die durch die Jahrhunderte hindurch zu den Waffen gerufen und auf Pferde gesetzt wurden, von Natur aus begnadete Reiter, trotzdem hatten sie ihre Aufgabe zu erfüllen. Also musste nachgeholfen werden. Dabei trieb die Erfindungsgabe der Menschen oft grausame Früchte, um die Pferde zum Gehorsam, nicht selten zu einem absoluten Kadavergehorsam, zu zwingen und teilweise mangelndes reiterliches Können zu kompensieren.

Denkt man an die Ritter des Mittelalters und die durch schwere Rüstungen bedingte Unbeweglichkeit dieser Männer, braucht man sich nicht zu wundern, dass sie auf schwere Pferde setzten, die die mächtigen Sättel und die eisengepanzerten Reiter überhaupt tragen konnten. Schenkel- und Gewichtshilfen waren kaum noch möglich, also mussten lange, spitze Sporen her, um die meist schwerfälligen Tiere vorwärtszutreiben, und als Gegenstück dazu erfand man immer martialischere Kandaren, denn die Rösser mussten ja schließlich wieder zum Halten gebracht werden. Das Leben dieser Pferde war die reine Qual. Aber auch in jener Epoche hat es Reitlehrer gegeben, die man heute als echte *Horsemen* bezeichnen würde. Sie erhoben teilweise unermüdlich die Stimme, fanden in der Regel jedoch wenig Gehör. Erst mit der Erfindung der Feuerwaffen erfuhr die Reiterei in Europa eine Wende. Die schweren Rüstungen wurden überflüssig, sogar hinderlich. Somit waren auch auf einmal auch leichtere und wendigere Pferde gefragt. Denn im Kampf kam es nun vor allem auf Schnelligkeit und Wendigkeit an, wenn man überleben und siegen wollte. Die Reiterei begann sich recht schnell zu einer Kunst zu mausern, als begabte und phantasiereiche Reitlehrer erkannten, dass die Pferde den Soldaten nicht nur als Fortbewegungsmittel zu dienen brauchten, sondern durchaus auch als Kampfgefährten, und sogar als Waffe, eingesetzt werden konnten. Man musste es nur richtig anstellen, ihre angeborenen Talente zu fördern und entsprechend einzusetzen. In vornehmen Reitschulen brachte man den Pferden nun bei, auf Kommando auszuschlagen, zu steigen, oder aus dem Stand heraus Sprünge zu machen. Der Tatsache, dass allein schon die Größe und Kraft eines Pferdes jedem, der zu Fuß unterwegs ist, einen natürlichen Respekt einflößt, wurden nun Elemente hinzugefügt, die bis heute in der klassischen Reiterei als Kunststücke der Hohen Schule – denken wir einfach mal an die Kapriole - gepflegt werden. Auch in dieser historischen Phase und der sich ständig weiter entwickelnden Reiterei sind Stimmen laut geworden, die einen humanen, artgerechten Umgang mit den Pferden anmahnten und denen der Erfolg Recht gab.

Welchen Stellenwert das Pferd im Leben der Menschen Jahrhunderte lang hatte, sowohl in der militärischen Verwendung, als auch in der Landwirtschaft oder als Zug- Reit- oder Tragtier, wird am deutlichsten durch die Worte des französischen Philosophen René Descartes: „Tiere sind nichts weiteres als lebendige Maschinen, die so reagieren müssen, weil das ihrer inneren Konstruktion entspricht." Dass dieses Denken noch lange nicht aus den Köpfen aller Reiter veschwunden ist, wird immer wieder deutlich, wenn man mitansehen muss, wie viele Pferde auch heute noch leider nichts anderes als Sportgeräte sind.

Wir reiten heute zu unserem Vergnügen, in der Freizeit, oder auch, um sportliche Lorbeeren zu ernten. Durch die ganze Geschichte hindurch zeigt es sich immer wieder, dass der gewaltfreie Umgang mit unseren sehr athletischen, kraftstrotzenden, schnellen, aber von Natur aus auch ängstlichen Partnern wesentlich erfolgreicher ist, als Zwang und Druck und das Zufügen von Schmerzen. Das gilt nach wie vor. *Horsemanship* ist kein moderner Begriff aus dem Bereich einer realitätsfremden Humanitätsduselei, sondern die Anwendung von Gefühl und Verstand. Deshalb lässt es sich nicht der einen oder anderen Reitweise oder einzelnen Völkern, Länder oder Regionen zuordnen. Ich bin ein großer Fan von guten Westernreitern, weil ich einfach viele positive Impulse bekommen habe drüben in Kanada. Vor allem dort, wo Reiten nicht als Sport betrachtet wird, sondern einfach zum Leben dazugehört. *Horsemanship* ist eine Frage des Charakters und der Menschlichkeit. Und das nicht erst heutzutage.

Endlich im Wilden Westen

Kindheitsträume und Jugendträume können sehr hartnäckig sein. Unzählige Wildwestfilme und, wie gesagt, nicht zuletzt der unsterbliche Karl May mit seinen Geschichten um den Häuptling Winnetou und Old Shatterhand hatten wie bereits erwähnt von Kindesbeinen an tiefe Wurzeln in meine Fantasie getrieben. - Ob sich mein Jugendtraum jedoch jemals erfüllen würde? Der Traum, in einem Land, wo es keine von Menschen gemachten Grenzen gibt, wo die Wildnis das Maß der Dinge ist und es zum Pferd kaum eine Alternative gibt, wenn man weite Strecken zurücklegen will und schwer zu durchdringendes Gelände meistern muss, wo auch der beste Geländewagen keine Chance hat? - Der Traum vom Wilden Westen.

Drei Tage waren wir unterwegs. Durch Zufall – falls es Zufälle überhaupt gibt – waren ein Freund von mir und ich auf einer Ranch fernab jeglicher Zivilisation gelandet. Ich war inzwischen Ende Zwanzig und zum ersten Mal in Britisch Kolumbien, der westlichsten Provinz Kanadas, und wir waren dort ein schönes Stück nach Norden vorgedrungen in eine Gegend, die als das letzte *Frontier* des amerikanischen Westens gilt, den *Chilcotin District*. Don McLaughlin arbeitete während des Sommers auf der Ranch als Cowboy. Und ihn durften wir beide nun begleiten. Wir sattelten drei Pferde, beluden ein Packpferd mit dem Nötigsten für unseren „Ausflug" und ritten dann stundenlang durch undurchdringlich wirkende Tannenwälder. Die drei Border Collies Bear, Smoky und Whimpy folgten uns unaufgefordert. Sportlich gesehen war der Ritt keine besondere Herausforderung. Reiten als Sport zu verstehen, stößt bei echten Cowboys – oder Wranglers, wie sie korrekt heißen - ohnehin auf Unverständnis. Mit Pferden arbeitet man, sie bringen einen von A nach B, Pferde gebleiten einen von morgens bis abends und oft auch in dunkelster Nacht... Dafür zeigte mir Pedro, der braun-weiß-gescheckter Pinto, den ich zur Verfügung hatte, wie geschickt man Hindernisse umgehen kann. Er verblüffte mich damit, wie sensibel ein Pferd wahrnimmt, wo sich vielleicht ein sumpfiges Wasserloch befindet, das ich mit Sicherheit viel zu spät entdeckt hätte, oder wie souverän er wilde Tiere, die hie und da unseren Weg kreuzten, einschätzen konnte. Pedro war ein „Wildnis-Experte", der mich lehrte, ihm zu vertrauen!

Im amerikanischen und kanadischen Westen ist *Trail Riding* heute ein sehr beliebter Freizeitsport. Einfach im Sattel und mit Packpferden an der Leine unterwegs sein durch Busch und Steppe und in den unendlichen Wäldern und im Gebirge wie hier in Westkanada, oder auch in der Wüste von Arizona oder Texas, wo einem der Staub bis in die Poren

dringt, für ein paar Tage vielleicht oder auch wo-
chenlang. Inzwischen haben auch europäische Rei-
severanstalter solche *Pack Trips* längst in ihrem
Programm und romantisch gelegene Ranches als
Vertragspartner verpflichtet. Aber auch Manage-
menttrainer, die zu stolzen Honoraren von Großun-
ternehmen angeheuert werden, um deren Führungskräfte zu schulen, haben entdeckt, dass solche mehrtägigen Trail Rides ein fantastisches Team
Training ist, bei dem sie auf die denkbar natürlichste
Art lernen, wie man Mitarbeiter verantwortungsvoll
und erfolgreich führt. Wer längere Zeit im Sattel
durch den Busch und in den Bergen unterwegs ist,
wo Mensch und Pferd aufeinander angewiesen
sind, erfährt auf die elementarste Weise, was
Teamwork wirklich bedeutet.

Wir schlugen unser Camp für die erste Nacht
auf, als es schon leicht zu dämmern begann. Was
schon bei der guten alten Kavallerie galt, gilt auch
im Wilden Westen: Zuerst werden die Pferde versorgt, dann erst folgt alles andere! Wir sattelten ab,
führten die Tiere zum nahegelegenen Bach, um sie
zu tränken, „hobbelten" ihre Vorderbeine zusammen, dass sie sich frei bewegen und grasen konnten, aber keinen Spaß daran hatten, wegzulaufen.
Dann wurde Feuer gemacht und – wie könnte es
anders sein – erst mal Wasser für den Kaffee ge-
kocht, ehe am Feuer etwas gebraten wurde. Als wir
in unsere Schlafsäcke krochen, lag ein verdammt
schöner Tag hinter uns.

Ich fahre hoch, als auf einmal unsere Hunde anschlagen. Auch Don ist wach. Er richtet sich ein wenig in seinem Schlafsack auf, setzt erst einmal den Hut auf den Kopf und zieht seine Winchester zu sich heran. Die Hunde bellen wie verrückt. Don dreht sich nach den Pferden um, die wir wenige Meter hinter unseren Schlafsäcken an Bäume gebunden haben, und macht keine Anstalten, aufzustehen.

„Was ist?" will ich wissen. Der Mond erhellt ein bisschen die Stelle, wo der Bach fließt und wo die Hunde irgendetwas entdeckt haben müssen.

Don starrt eine ganze Weile zum Bach hinunter, dann endlich schüttelt er den Kopf, befiehlt den Hunden, endlich ruhig zu sein, was sie weitgehend überhören, und schiebt das Gewehr wieder ein wenig zur Seite.

„Was ist los?" frage ich nochmals, aber Don schüttelt einfach den Kopf.

„Nichts Ernstes" brummt er schließlich, „vielleicht ein Kojote, vielleicht auch nur ein Eichhörnchen oder so was. Wenn Gefahr drohte, dann hätten die Pferde es mir gesagt."

Die Pferde? Ich drehe mich auch nach ihnen um. Unbewegt stehen sie da und dösen.

„Ja, Hunde kläffen wegen jeder Kleinigkeit" erklärt der alte Cowboy nun doch noch. „Wäre ein Bär in der Nähe oder ein Puma, dann würden die Pferde das melden. Die passen schon auf, darauf kannst du dich verlassen. - Schlafen wir weiter!

Wie eng Menschen und Pferde verbunden sein und einander verstehen können, war verblüffend. Obwohl ich von Kindesbeinen an mit Pferden zu tun hatte, war das, was ich hier so einfach und geradezu spielerisch erfuhr, für mich schlichtweg faszinierend! Ich war es gewohnt, mit einem Pferd im Gelände unterwegs zu sein, zu Hause, im Laufe der Jahre aber auch in verschiedenen Ländern und Geländeformationen. Schließlich habe ich schon immer ungern eine Gelegenheit zum Reiten ausgelassen, wenn sie sich bot, vorher nicht, und auch später nie. Ich war in Südengland im New Forest unterwegs gewesen, bin in Spanien, Italien und – ein bisschen orientalischer – auch in Marokko und in der Türkei – geritten, und immer bin ich aufs Neue von der Sensibilität überrascht worden, mit der Pferde auf die jeweilige Umgebung reagieren, sofern wir sie ein bisschen machen lassen. Die Art und Weise, wie man mit Pferden umgeht, ob man sie Pferd sein lässt, oder ob man sie zum Gebrauchsgegenstand oder Sportgerät degradiert, anstatt sich über ihr Naturell und ihre Bedürfnisse Gedanken zu machen und darauf einzugehen, entscheidet letztendlich über das Miteinander oder Gegeneinander.

Ja, dieser Besuch an Kanadas *Last Frontier* sollte nicht mein letzter bleiben! Ich würde wiederkommen, das wusste ich, und ich würde noch viele Touren durch den Busch und in die Berge hinauf machen! Und ich würde jedes Mal ein weiteres

Stückchen an Erfahrung mit in die Heimat zurück-
nehmen, in die Heimat und zu meinen beiden eigenen Pferden dort!

The Last Frontier - wo die Zeit stehen geblieben ist

Wir sitzen an dem roh gezimmerten, langen Tisch und essen gebratene Elchleber. Dazu in Würfel geschnittene Bratkartoffeln und Gemüse. Der ganze Raum der Blockhütte riecht nach Gebratenem. Auf dem Herd, in dem das Holzfeuer flackert, kocht das Wasser für den Kaffee. Cowboys, Rancher, Holzfäller, Waldläufer, Fallensteller, sie alle sind begeisterte Kaffeetrinker, ganz gleich zu welcher Tageszeit. Doch heute wollen wir uns nach dem Essen noch einen „Alberta Rye Whisky" zu Gemüte führen, ein Luxus hier draußen, doch was wir morgen vorhaben, ist ein Grund zum Feiern.

Erst vor ein paar Tagen bin ich hergekommen, mit dem Flugzeug von Vancouver nach Prince George, wo ich in einem sehr „romantischen" Saloon übernachtet, und wo ich einen Goldgräber kennengelernt habe, der mich schließlich am anderen Morgen in seinem Pickup Truck mit nach *Vanderhoof* nahm, einem winzigen Städtchen am *Yellowhead Highway*, der Richtung Norden führt. Nachdem ich mich von Frank Plutt, dem Goldgräber, verabschiedet hatte, habe ich mich nach einem Buschpiloten durchgefragt und lernte Jerry Frey kennen, der, wie man mir sagte, in jeden Winkel fliegt, sofern es dort auch nur eine Spur von Landemöglichkeit gibt. Ich habe ihn in seinem „Flughafen-gebäude", einer kleinen hölzernen Baracke neben dem Grasstreifen, der den „Runway" darstellte, schließlich gefunden. Jerry war groß und breit, mit einem dicken schwarzen Vollbart, und wie fast alle Leute in den abgelegenen Gegenden der Erde, sehr freundlich. Er wollte 60 kanadische Dollars haben, wir haben meinen Seesack in die Cessna geworfen und flogen wenige Minuten später über unendliche Wälder, silbern glitzernde Seen und dunkle Flüsse hinweg, bis wir schließlich die *Tatelkuz Ranch* erreichten, mein Ziel. Als ich ausgestiegen war und Jerry's Maschine wieder abhob, stand ich mitten auf der riesigen Wiese, umgeben von Rindern und ein paar Bullen, die mich misstrauisch musterten. Ich schulterte meinen Seesack und marschierte los in Richtung der paar Blockhütten in der Hoffnung, dass Dean meinen Brief, mit dem ich mein Kommen angekündigt hatte, auch wirklich erhalten und vielleicht sogar gelesen hatte.

Ich hatte Dean kennen gelernt, als ich junger Rucksacktourist mit einem Freund zusammen die kanadischen West-Provinzen Alberta und Britisch Kolumbien durchstreifte, und es uns in die *Cariboo Mountains* verschlug, die im letzten Jahrhundert durch Goldfunde von sich reden gemacht hatten, und von wo aus wir schließlich weiter in den *Chilcotin District* tingelten. Diese Gegend war noch immer das Land von Jägern, Fallenstellern, die meisten von ihnen Indianer verschiedener Stämme, und einiger Viehzüchter. Hier schien sich in den vergangenen hundert Jahren nicht viel geändert zu haben. Ich war fasziniert, und so wurde die *Tatelkuz Ranch* für mich zu einem kleinen Stückchen Heimat im kanadischen Busch.

Es gab damals keine Straße zur *Tatelkuz Ranch*. Das Anwesen, einige Blockhäuser, aus rohen Baumstämmen gezimmert und die Fugen mit Moos abgedichtet, ein paar Schuppen, ein großer Coral, wo man die Pferde und Rinder zusammentrieb, und rundherum jede Menge Weideland, umrahmt von dunklen, schlanken kanadischen Fichten. So lag die Ranch einsam an einem wildromanischen, vielleicht sechs oder sieben Kilometer langen See, dem *Tatelkuz Lake*. Fließendes Wasser gab es auf der Ranch in Form eines Bächleins, das durch das Anwesen plätscherte, und die Toilette, ein ebenfalls aus rohen Stämmen gezimmertes Häuschen über einer Grube, wartete diskret im Wald auf ihre Besucher. Geheizt wurden die Blockhütten mit Öfen, die man aus leeren Ölfässern selber gebaut hatte, indem man Türchen hineingesägt, ein Ofenrohr gesteckt und dieses durch das mit Gras und Moos gedeckte Dach ins Freie geführt hatte. Auch das Mobiliar war selbstgefertigt, aus Baumstämmen und Ästen. An den Wänden hingen Waffen und Geräte des täglichen Gebrauchs, Fallen, Schneeschuhe, nicht als Zierde, sondern auf den Einsatz im nächsten Winter wartend, ein paar von irgendjemandem gemalte Pferdebilder, und im Haupthaus natürlich ein Bärenfell. Das gehört nun mal in das Blockhaus eines echten Kanadiers, zusammen mit der passenden Geschichte, die immer und immer wieder aufs Neue erzählt wird. Die Küche von Winnie, Deans indianischer Frau, war gut, wenn auch nicht allzu abwechslungsreich. Vor allem aber verdankte man dem Umstand, dass Dean ein hervorragender Jäger war, den Vorteil, dass es immer viel Wild gab, wobei der Rancher und Jäger mit den von den Herren der zuständigen Behörden aufgestellten Regeln für die Jagd allerdings nicht viel am Hut hatte. Aber wen kümmert's schon im Busch? Die Behörden waren weit, und die zuständigen Beamten konnten, wie er meinte, ohnehin einen Elch nicht von einem Pferd unterscheiden.

Die einzigen Nachbarn weit und breit war eine Indianerfamilie am gegenüberliegenden Ufer, ansonsten sagten sich hier Wölfe und Kojoten, Bären und Elche gute Nacht. Um überhaupt hinzukommen, gab es damals nur zwei Möglichkeiten, entweder man charterte ein Buschflugzeug, wie ich es jetzt getan hatte, und landete auf einer großen Wiese zwischen Rindern und Pferden, oder man ritt zwei Tage lang durch die Wildnis, nachdem man sich zuerst von einer Lodge aus mit einem altersschwachen Motorboot einen großen See hatte schippern lassen. So hatte ich es ein Jahr zuvor gemacht, und dabei gleich Bekanntschaft mit zwei kleinen Grizzlybären gemacht. Nie zuvor hatte ich jemanden sein Pferd schneller zum Halten bringen und gleichzeitig den Revolver ziehen sehen, als Dean es damals tat. Irgendwo musste die Mutter der beiden Kleinen stecken, und sie zum Gegner zu haben, ließ keine Diskussion über Tierschutz, über Schießen oder Nichtschießen mehr zu. Es war nichts passiert. Gott sei Dank nicht!

Ich hatte das *Cowboy Country* Britisch Kolumbiens von Anfang an ins Herz geschlossen. Ich war inzwischen fast dreißig Jahre alt, reiselustig, hatte auch schon einiges von der Welt gesehen, und mit jeder Erfahrung, die ich auf meinen Reisen gesammelt hatte, wurde ich hungriger nach Neuem, Unbekanntem, nach möglichst Abenteuerlichem. Hier lernte ich jedoch eine Welt kennen, von der mir daheim niemand glauben würde, dass es sie überhaupt noch gibt. Auch all die nicht, die schon einmal oder auch mehrere Male einen Kanada-Urlaub gebucht haben und von Touristenattraktion zu Touristenattraktion gebummelt sind.

Die vielen Geschichten, die man sich am Lagerfeuer erzählte, faszinierten mich, und an den Lagerfeuern in der Wildnis erzählt man sich immer Geschichten. Namen von Männern und Frauen wurden lebendig, die dieses Land geprägt hatten, und die zu Synonymen für seine Geschichte geworden waren. Ereignisse von historischer Bedeutung und gewaltige menschliche Leistungen, die dahinterstanden, erweckten in mir mehr und mehr den Wunsch nach neuen Abenteuern, und zwar genau hier in diesem ungezähmten Stück Erde.

In der kurzen, aber sehr ereignisreichen und heute von unzähligen Sagen umwobenen Geschichte der Rancher und Cowboys gilt der *Chilcotin-District* in Kanadas westlichster Provinz als *The Last Frontier* des amerikanischen Westens. Das letzte Grenzgebiet der längst zur Legende gewordenen Rinderzüchter vom alten Schlag und den unentbehrlichen Cowboys. Und hier, irgendwo im Busch, lebte ein Mann, der unter unbeschreiblich harten Bedingungen rund vierzig Jahre zuvor eine solch gewaltige Pionierleistung vollbracht hatte, dass er schon zu Lebzeiten zur Legende geworden war. Ich hatte viel über ihn erfahren auf der *Tatelkuz Ranch*, ich kannte die verrückten Storys, die seinen Namen umrankten, und nun sah ich mit eigenen Augen, dass all das hier noch lange nicht zur Vergangenheit gehörte, sondern nach wie vor lebendige Realität war. Darum wollte ich ihn unbedingt kennenlernen. Mehr noch, ich wollte selber den Weg im Sattel zurücklegen, den er und mit ihm eine Handvoll hartgesottener Waldläufer mit ihren Rinderherden damals zurückgelegt hatten, um ein bis dahin unbekanntes Stück Land, das sie nur vom Hörensagen kannten, zu erschließen und zu besiedeln. Sein Name, unter dem ihn im Westen jeder kannte, war Panhandle Phillips, und mein Ziel war der Weg dorthin.

Und nun sitzen wir beieinander, essen Elchleber und trinken Kaffee und kanadischen Whisky. Die „Alte Welt" und alles, was ich dort zurückgelassen habe, ist unendlich weit weg. Nicht nur geographisch. Immer wieder, wenn ich es realisiere, beschleicht mich ein seltsames, angenehmes Gefühl. Vor uns liegt eine Tour durch den Busch, die mehr ist als ein Spazierritt.

Es wird spät. Trotzdem sind wir vier am anderen Morgen früh auf den Beinen. Dean, der Rancher, seine beiden jungen Cowboys David und dessen Bruder Bud und meine Wenigkeit. Die Pferde werden geputzt und gesattelt, die Hufeisen noch einmal kontrolliert, dann wird alles, was wir in den nächsten Tagen brauchen, in vier Kästen verstaut und auf die Packpferde gehievt. Kochgeschirr, Blechteller und Tassen, Besteck, Konservenbüchsen, Munition, Streichhölzer, Verbandszeug, Kaffee, natürlich, viel Kaffee... Ein Pferd richtig zu bepacken ist eine Kunst. Nichts darf scheuern, vor allem muss das Gewicht auf beiden Seiten gleichmäßig verteilt sein. Sollte sich eines der Tiere unterwegs eine Zerrung oder Verrenkung zuziehen, kann das im Busch fatal sein. Gute Vorbereitung ist alles! Die Pferde stehen mit hängenden Köpfen da. Dösen in den Tag hinein, der sich erst allmählich am östlichen Horizont zeigt, scharren ein bisschen mit den Vorderhufen im Sand. Die Luft ist feucht. Draußen auf der riesigen Weidefläche liegt ein feiner Bodennebel, in dem die Leiber der Rinder nur schemenhaft zu erkennen sind. Endlich setzt sich unsere kleine Karawane in Gang, vier Mann, sechs Pferde und die drei Border Collies Smokie, Wimpy und Bear, diese unverzichtbaren Helfer der Cowboys.

Schon seit ein paar Stunden sind wir nun umgeben von dichtem Urwald. Dunkle Fichten ragten aus dem Unterholz und riesigen Farnen heraus und strecken sich schlank und hoch in den Himmel, gierig nach Licht und Sonne. Ihre Stämme sind von

Efeu und Lianen-artigen Kletterpflanzen umspon-
nen und mit dickem Moos überwuchert. Unermüdlich stapfen die Pferde vorwärts auf dem schmalen,
gewundenen Trail, der sich durch den Wald schlän-
gelt. Über Jahrtausende hinweg ist er „angelegt"
worden vom durch den Busch streifenden Wild und
von den Indianern, die dem Wild auf ihren Jagdzü-
gen folgen. Auch heute noch. Links und rechts vom
Trail liegen verrottete und halb verrottete und stark
bemooste Baumstämme kreuz und quer meterhoch
übereinander, als hätte Rübezahl sie mit gewaltiger
Hand einfach hineingeworfen. Ein Durchkommen ist
nur auf dem Trail möglich, und auch hier muss immer wieder mal ein gefallener Baum überklettert
werden, oder man steigt aus dem Sattel und kriecht
unten durch. Ein paarmal muss auch die Axt herhal-
ten. Diese Pferde sind wahre Naturburschen, sie
nehmen aufmerksam jede Wurzel und jeden Stein
wahr, stolpern kaum einmal, obwohl ihnen die
Müdigkeit allmählich in den Knochen sitzen müsste.
Sie tragen uns sicher durch sprudelnde Bäche, die
immer wieder mal den Weg kreuzen, und sind dann
ganz besonders vorsichtig auf den glitschigen Stei-
nen. Vor allem die Packpferde, die uns frei folgen,
zeigen, wie selbständig und geschickt sie jedes Hindernis im Gelände taxieren können, wie unbestech-
lich sie im Stande sind, ihren Weg zu suchen trotz
der schweren, breiten Packkästen, die ihre Leiber
um die Hälfte breiter machen. Wir treten endlich aus
dem Hochwald heraus und auf eine weite, sumpfige
Wiese mit hochstehendem Gras. Man atmet unwill-
kürlich tief durch.

Schon wenig später treffen wir auf eine große
Wasserfläche, aus der aber einzelne Büsche und

abgestorbene Bäume herausragen. Ein Biber-See, klärt Dean uns auf, Biber haben irgendwo einen Damm gebaut und das Wasser aufgestaut und zu einem riesigen See werden lassen. Je weiter wir kommen, desto tiefer sinken die Pferde ein. Knietief zunächst nur, doch bald reicht ihnen das Wasser bis an die Bäuche. Mir ist nicht ganz wohl dabei, ich frage mich, ob wir nicht direkt in einen richtigen See oder Fluss hineinreiten. Aber das Wasser bleibt seicht und spritzt bei jedem Schritt an uns hoch. Dean reitet unbeirrt voraus. Da springt plötzlich ein Bock auf und mit mächtigen Sätzen dem Wald am Rande des Bibersees zu, ein Weißwedel-Hirsch, der uns wohl schon einige Zeit hat herankommen sehen, dessen Neugier ihn aber bis zum Schluss hat stillhalten lassen. Wo das Wild nur selten mit Menschen in Berührung kommt oder gar vielleicht überhaupt noch nie einen Zweibeiner zu Gesicht bekommen hat, ist es auch nicht sonderlich scheu. Inzwischen schwappt das Wasser an den Pferdeleibern hoch, durchnässt unsere Stiefel, wenn wir die Beine nicht aus den Steigbügeln nehmen und einfach hochziehen.

"Der See wird nicht tiefer", sagt Dean nach einer Weile ruhig. Er hat wohl die fragenden Gesichter von uns dreien bemerkt. "Irgendwo da vorne müssen die Biber ihren Staudamm gebaut haben." Er deutet dorthin, wo er den Biberdamm vermutet, und er deutet auf das Wasser: "Seht, es fließt in diese Richtung." Man müsse nur aufpassen, dass man nicht doch in den Lauf des Baches oder Flusses gerät, meint er und dreht sich eine Zigarette.

Der Grund ist von den Hufen unserer Pferde aufgewühlt, das Wasser ist jetzt trüb. Die Pferde strecken die Nasen nach vorn, und ihre Ohren spielen nervös bei jedem Schritt, den sie wagen. Dean treibt seinen *Buckskin-farbigen* Wallach an, ermuntert ihn zu forschem Vorwärtsgehen, wir folgten ebenso energisch, um zu verhindern, dass eines der Pferde auf die Idee kommt, ein Bad zu nehmen. Endlich wird der See wieder seichter, so dass man die Füße wieder in die Bügel stecken kann, und links von uns wird nun auf einmal auch der kunstvoll aufgerichtete Damm dieser unermüdlichen, fleißigen Baumeister der Wildnis sichtbar. Wir zügeln die Pferde, halten Ausschau nach den Bibern, aber sie haben uns wohl längst entdeckt und beobachten eher uns aus einem ihrer vielen Verstecke. Schnell haben wir wieder trockenen Boden und der Hufen, der jetzt relativ stark ansteigt. Ein karger Bergzug liegt vor uns, nur von dünnem Buschwerk bewachsen, dahinter hin und wieder ein paar kantige Felsen.

Hindernisse kann man sich nicht aussuchen, und das Risiko, das sie darstellen, kann man meistens nur vermuten. Das ist nicht nur hier so, in diesem See, der ja eigentlich gar keiner ist, und von dessen Grund keiner von uns eine Ahnung hat. Den „See" zu umreiten, wäre kaum möglich gewesen, und umzukehren kam nicht in Frage. Wir haben ein Ziel vor Augen, und das wollen wir erreichen.

Als wir den See hinter uns gebracht haben, reiten wir wieder stundenlang durch den Busch. Das Gelände steigt allmählich an, und immer wieder wird der Blick frei für die Bergkette, auf die wir uns zubewegen. Dean dreht sich eine Zigarette und reißt das Streichholz am Sattel an, und steckt sie an. Endlich erreichen wir den Fuß der Berge und suchen nach einem *Trail* durch den Urwald. Immer wieder lassen wir die Pferde ein wenig verschnaufen. Als wir nach einem unendlich scheinenden Anstieg endlich den Grat erreicht haben, dürfen unsere tapferen Pferde erst einmal ausgiebig grasen.

Der Blick von hier oben ist im wahrsten Sinne des Wortes atemberaubend. Auf der anderen Seite breitet sich ein riesiges saftig-grünes Tals aus, durch das sich wie eine dunkle Schlange der *Blackwater River* windet, der Fluss, von dem ich so viel gelesen und gehört habe. Es ist *der* Schicksalsfluss für die wenigen Menschen, die hier leben, schön und gefährlich zugleich und das zu jeder Jahreszeit! Pan Phillips geht mir während des ganzen Rittes nicht aus dem Kopf. Der Mann, den ich nur aus den Büchern, die ich über ihn gelesen habe, und aus vielen Erzählungen kenne, und den ich endlich persönlich treffen möchte. Als der letzte große Rinderpionier Amerikas ist er in die Geschichte eingegangen, als Schlusspunkt einer Ära, die wie keine andere von Schriftstellern und Drehbuchautoren beschrieben und von Filmgesellschaften mit den besten Stars auf die Leinwand gebracht worden ist. Der Not gehorchend hat vor einigen Jahrzehnten der damals junge Cowboy unter unbeschreiblichen Strapazen Rinderherden durch eine Wildnis getrieben, die vor ihm noch nie ein Weißer betreten hatte. Er und sein Begleiter, der Abenteurer und Schriftsteller Rich Hobson, hatten nach Weidegründen jenseits der Berge gesucht, von denen sie nur vom

Hörensagen wussten, die aber diesseits der Berge noch nie jemand gesehen hatte. Nur wenn dieses Weideland wirklich existierte, und Pan es auch fand, konnten die riesigen Rinderherden vor dem Verhungern und das Vermögen seines Bosses vor dem Konkurs gerettet werden! Ich freue mich darauf, dem sagenumwobenen alten Haudegen, um den sich so viele Geschichten und Anekdoten ranken, bald persönlich gegenüber zu stehen.

Nach unserer kleinen Pause bugsieren wir die Pferde den Anhang hinunter ins *Blackwater Valley*. Einige Präriehühner schrecken auf und flattern davon. Ein Kojote sieht uns kommen und beobachtet neugierig unsere kleine Karawane, und wir haben Mühe, die Hunde zurückzuhalten. Kojoten sind wesentlich weniger scheu als ihre großen Vettern, die Wölfe, die sich meistens nicht zeigen. Irgendwann wird es dem frechen Burschen dann doch unheimlich, und er schlägt sich in die Büsche. Als wir die Talsohle erreichen, wird mir mit einem Schlag klar, was es für Pan und seine zeitweiligen Begleiter geheißen haben mag, hier mit einer Herde unberechenbarer Rindviecher und einer Handvoll Pferden durchzuziehen. Die Tiere sinken in den weichen, pechschwarzen Boden ein. Mal nur eine Handbreit, manchmal fast bis zum Bauch. Das Reiten wird zum Kampf gegen eine Form der Natur, wie ich sie bisher nicht kannte. Für mich ist es völliges Neuland im wahrsten Sinne des Wortes. Jeder Schritt verlangt höchste Aufmerksamkeit, weil man nie weiß, wie sich der nächste Schritt anfühlt. Erst als wir das Flussufer erreichen, wird es entspannter.

Allmählich wird es Zeit, sich nach einem Lagerplatz für die Nacht umzusehen. Wenn ich an die Moskitos denke, die aus ihren Löchern hervorbrechen werden, sobald die Sonne verschwindet, wird mir angst und bange. Wir haben eine weite Biegung des *Blackwater River* abgekürzt und kommen an eine weitere langgezogene Bergkuppe. Dean sagt, dass er auf der anderen Seite, im nächsten Tal also, einen alten Indianer kennt, bei dem wir unser Camp aufschlagen können. Menschen, die jahraus, jahrein in der Wildnis leben, freuen sich immer über Besuch. Besucher bedeuten Abwechslung und Nachrichten von der Welt draußen, auch wenn diese Welt nur ein Blockhaus zwei oder drei Täler weiter ist.

Noch einmal geht's durch den Wald, dann über den Hügel, und wieder tut sich eines dieser malerischen Täler vor uns auf. Der Wald weicht weiten Wiesen mit hohem, hartem Büffelgras und niedrigen Büschen und Hecken, so dass wir jetzt richtig flott vorwärtskommen.

Auf einmal hält der Rancher sein Pferd wieder an. Wortlos deutet er zu dem Hang, der vor uns liegt hinüber.

"Da drüben", sagt er, "seht ihr?"

Im Gras und auf den Hecken huschen Rebhuhn-artige Vögel umher.

"Ich werde uns für heute Abend ein paar schießen", sagt er und zieht eines der Packpferde zu sich heran und bindet das Kleinkalibergewehr, das oben festgezurrt ist, los.

"Hast du schon mal *Prärie Chicken* gegessen?" fragt er mich, während er das Gewehr durchlädt. "Sie schmecken hervorragend, sag' ich dir. - Wartet hier auf mich!"

Er gleitet vorsichtig aus dem Sattel und schleicht ein Stück weg von uns durchs hohe Gras. Die Vögel sind nicht einfach auszumachen mit ihrem braunmelierten Federkleid. Dean geht langsam und vorsichtig, das Gewehr unter den Arm geklemmt auf sie zu. Vögel schießt man normalerweise im Flug mit Schrot, nachdem man sie aufgeschreckt hat, Dean hat aber keine Schrotflinte, also muss es mit der Kugel gehen. Da kracht auch schon der erste Schuss. Und gleich darauf noch einer. Zwei Chicken sind gefallen, die der Rancher einsammelt und vor sich auf den Boden wirft. Er geht weiter. Wieder kracht es und dann verschwindet Dean hinter einem wilden Haag.

Als er nach einiger Zeit zurückkommt, baumeln sechs von den rundlichen Vögeln zwischen den Fingern seiner rechten Hand herunter. Sie werden auf einen der Packsättel gebunden, das Gewehr wieder verstaut, und weiter geht die Reise. Nicht sehr viel weiter allerdings, dann versperrt uns ein schmaler, aber schnell fließender Fluss den Weg. Ein Nebenfluss des *Blackwater River*, wie Dean weiß.

„Da müssen wir durch, dann ist's nur noch ein Katzensprung bis zu Antuanne's *Outfit*, sagt er und treibt Jasper, seinen *Buckskin*-Wallach, in die Fluten.

Man hat den Eindruck, dass die Pferde das frische Wasser genießen. Dean reitet voraus, schaut noch einmal zurück und nickt beruhigend. Der Untergrund bereitet den Pferden offensichtlich keine Schwierigkeiten. Der Fluss ist zwar reißend, aber nicht tief. Alles bestens! – Bis plötzlich ein Schuss fällt. Dean hat gerade das steile Ufer auf der anderen Seite mit zwei, drei Sprüngen bewältigt, als es kracht. Jasper bleibt wie angewurzelt stehen, und Dean springt aus dem Sattel. Verdammt noch mal, wer schießt hier auf uns? – David, Bud und ich beeilen uns, so schnell wie möglich aus dem Wasser zu kommen, wo wir völlig ungeschützt sind. Mit einigen Sprüngen geht es die Böschung hoch, die Packpferde folgen uns, angesteckt von unserer Nervosität, und als wir bei Dean sind, sitzt er bereits im Gras und hält mit schmerzverzerrtem Gesicht seinen rechten Fuß fest. Aus dem zerfetzten Stiefel dringt Blut heraus. Er flucht und beißt die Lippen zusammen und zieht ganz vorsichtig den Stiefel aus. Eine ordentliche Fleischwunde klafft ein kleines Stück der Wade entlang und an der Ferse böse auseinander. Erst jetzt wird uns klar, was passiert ist. Nicht „jemand" hat auf ihn geschossen, vielmehr hat sich in seinem eigenen Revolver, den er nach John-Wayne-Manier im Halfter an der Hüfte trägt, ein Schuss gelöst, den Stiefel aufgeschlitzt und seine Wade und den Fuß direkt neben dem Knöchel ganz ordentlich malträtiert. Eine 44-er Magnum ist wirklich kein Spielzeug! Wir können dankbar sein, dass sie nicht seinen ganzen Fuß weggerissen hat.

Wir kramen Verbandszeug aus der Packkiste, auch irgendeine Salbe ist da, das Bein wird notdürftig verbunden und mit zusammengebissenen Zähnen zieht der zähe Rancher den zerfetzten Stiefel wieder drüber.

„Wir müssen weiter", brummt er nach einer Weile. „Es ist nicht mehr weit, und ich will vor Dunkelheit bei Antuanne sein."

Indianerromantik zwischen gestern und heute

Noch ein kleines Stück reiten wir an einem schmalen Bächlein entlang, dann sehen wir auf einmal ein paar Pferde vor uns im hohen Gras stehen. Sie heben neugierig die Köpfe, schnauben und kommen schließlich vorsichtig auf uns zu getrabt, um sich uns anzuschließen. Es sind keine wilden Mustangs, die würden sich anders verhalten. Sie haben keine Scheu vor uns Menschen und auch nicht vor unseren Hunden. Wir reiten weiter, bis hinter einer leichten Anhöhe endlich das Dach eines Blockhauses sichtbar wird. Ein bisschen windschief steht die baufällige Hütte in der Landschaft, das Dach mit Erde und Gras gedeckt, zwischen dem ein rostiges Ofenrohr herausragt. Die Wände sind traditionell mit Moos abgedichtet, so wie es üblich ist hier im Busch, und wie es ja auch auf der *Tatelkuz Ranch* üblich ist. Die Umgebung des Hauses ist ein einziger Schrottplatz. Dreckverschmierte Kinder mit struppigen schwarzen Haarschöpfen spielen auf einem übel zugerichteten Motorschlitten, überall liegen Blechbüchsen und anderer Unrat herum, Tierhäute hängen zum Trocknen über Holzgerüsten, Hunde schnuppern im Müll und bellen uns an, als sie uns näherkommen sehen. Auch die Kinder reißen die Köpfe hoch, hören zu spielen auf und rennen schließlich davon, um schleunigst einen alten Mann aus der Hütte zu holen.

Der Alte, ein großer, schwerer Mann mit einem runden Gesicht, von dessen Kinn und Oberlippe ein weißer Bart als dünne Fäden herunterhängt, stützt sich beim Gehen auf einen Stock. Auf dem Kopf trägt er eine Strickmütze, unter der das Haar auf Rücken und Schultern fällt. Er heißt uns mit sehr knappen Worten willkommen.

"Können wir für eine Nacht hierbleiben?" fragt Dean, dessen Gesichtszüge zeigen, dass er ziemliche Schmerzen hat. Der Alte nickt wortlos. Er deutet mit einer großzügigen, sehr gemächlichen Armbewegung über das ganze Gelände hinweg.

"Ihr könnt campen, wo ihr wollt!" sagt er. "Am besten ist's unten am Bach."

Also satteln wir ab, tränken die Pferde, hobbeln ihnen die Vorderbeine zusammen und lassen sie frei. Dann wird Feuer gemacht, die Packkästen ausgepackt, Wasser geholt für den Kaffee, und Bud und ich machen uns dran, die Präriehühner auszunehmen und zu rupfen. Dean bleibt sitzen. Braucht er nicht dringend einen Arzt, verdammt noch mal? Er meint nein und zieht den Stiefel aus und verbindet die noch immer blutende Wunde neu. Die Schmerzen, die er hat, stehen ihm im Gesicht geschrieben, aber er gibt keinen Laut von sich. Inzwischen sind dicke Wolken aufgezogen, aus denen die Abendsonne flimmernde Strahlen auf das Tal und unser Lager vor dem Blockhaus des Indianers herunterwirft. Doch das Gewitter verzieht sich, bleibt irgendwo vor uns in den Bergen hängen. Es donnert, und am Himmel glaubt man hin und wieder einen fernen Blitz zu sehen. Ganz allmählich bricht die Nacht herein, und wir sitzen mit dem alten Indianer am Lagerfeuer, brutzeln die geschossenen Präriehühner, trinken Kaffee und ich sauge die einfachen und sehr urtümlichen Alltagsgeschichten, wie man sie immer austauscht, wenn man sich in der Wildnis trifft, in mich auf. Jede noch so kleine Story ist ein Abenteuer für meine „zivilisierten" Ohren. Die Welt hat für mich aufgehört sich zu drehen. Alles, was ich in Europa und in Deutschland zurückgelassen habe, ist unendlich weit weg. Trotzdem kämpfe ich mit der Müdigkeit, und Bud, unser Jüngster, nickt vollends ein, ehe die Hühner fertig sind. Aber was bedeutet das schon hier am Ende der Welt! Hier lebt man nicht nach dem Zeiger der Uhr, vielleicht nicht einmal nach Sonnenaufgang oder Sonnenuntergang. Unten am Bach schnauben unsere Pferde, sie quengeln ein wenig und streiten sich wohl mit denen des Indianers, die sich inzwischen dazugesellt haben.

„Wir wollen morgen weiter zur Home Ranch", sagt Dean.

Der Alte nickt. Dann deutet er auf Deans verbundenes Bein. Das Blut verkrustet allmählich, der Verband sieht allerdings alles andere als hygienisch aus. Dean lacht.

„*Bullshit*", sagt er, „habe nicht aufgepasst und mir selber die Kugel gegeben."

„*Bullshit*", sagt auch der Alte. „Hast du Medizin?"

Dean nickt.

„Du könntest zu Doktor Francis reiten, der versteht sich auf so was."

„Lebt der denn noch?"

„Er ist fast hundert Jahre alt. So richtig weiß das niemand. Aber er versteht sich auf so was."

„Ich denke, das wird schon wieder."

Was tut man, wenn man auf keine fremde Unterstützung hoffen kann? schießt es mir auf einmal durch den Kopf. Ich bin mit auf einmal bewusst, dass man hier keinen Krankenwagen rufen kann und keinen Notarzt, und dass umzukehren genauso wenig hilft, als einfach weiter zu reiten und das Beste aus der Situation zu machen. Auch aufzugeben ist keine Option!

Die Sonne ist inzwischen vollends verschwunden, und wie auf Knopfdruck kommen Moskitos aus ihren Löchern heraus und fangen an, uns das Leben zur Hölle zu machen. Wir werfen mehr Holz auf das Feuer und drehen uns Zigaretten. Moskitos mögen keinen Zigarettenrauch.

„Hast du in letzter Zeit *Bear Trouble* (Probleme mit Bären) gehabt?" will Dean wissen.

Der Alte zuckt mit den Schultern.

„Ich denke, wir binden den Pferden nachher besser noch Bärenglöckchen um".

Die kleinen Bärenglocken halten die riesigen Raubtiere tatsächlich in aller Regel davon ab, sich an eines der Pferde – oder an einen Menschen – ranzumachen. Das ungewohnte Gebimmel irritiert sie und sie machen sich meistens davon. Meistens.

Wie wenig der Mensch doch braucht, um zufrieden und glücklich zu sein! Ich bin zufrieden und glücklich in diesen Augenblicken. Die Zeit ist einfach stehen geblieben. Aus meinem Leben verschwunden, wie es scheint. Ich habe nicht einmal Lust, darüber auch nur nachzudenken. Ich *bin* einfach nur. Und es fehlt mir im Augenblick an nichts.

Trotz der Müdigkeit sitzen wir bis tief in die Nacht am Feuer. Wir drei, David, Bud und ich hören einfach nur zu, während Dean und Antuanne jede Menge Erinnerungen und Erfahrungen austauschen. Ich denke an die Menschen, mit denen ich daheim in Deutschland überwiegend zu tun habe, und an die Probleme, die ihnen von morgens bis abends die Röte ins Gesicht treiben: Politik, Geschäft, Zahlen, die Gewinne oder Verluste ausweisen, und ich denke an die Geschichten, die man sich dort erzählt. Dann schaue ich Antuanne an. Vor allem ihn. Da muss ich einfach nur lachen. „Sie säen nicht, sie ernten nicht, und ihr himmlischer Vater ernährt sie doch..." heißt es in der Bibel von den Vögeln unter dem Himmel. Antuanne ist kein Vogel, er ist ein Mensch genau wie ich und genau wie mein Steuerberater oder einer der Manager, mit denen ich so viel zu tun habe, und die sich oft so wichtig vorkommen, und die täglichen Probleme so himmelhoch einschätzen. Und er lebt. Wie es aussieht, sogar schon verdammt lange.

Ed Adams, der einsame Waldläufer

Am anderen Morgen gibt es Kaffee und Bratkartoffeln mit Speck. Antuanne kommt wieder von
seiner Hütte zu uns heruntergehumpelt. Dann werden die Pferde fertiggemacht, die Packkästen wieder sorgfältig vertäut, und irgendwann setzt sich unsere kleine Karawane in Marsch. Wieder wühlen wir
uns durch den weichen, pechschwarzen Boden mit
den unangenehmen, zuweilen recht gefährlichen
Löchern. Der Weg ist mühsam und fordert vor Geduld und Aufmerksamkeit. Wo es möglich ist, bleiben wir in der Nähe des Flusses, weil der Untergrund dort meistens fester ist. Wieder stillschwei-
gendes Reiten, Schritt für Schritt. Zwischendurch
hin und wieder eine kleine Pause, um die Pferde
grasen zu lassen oder sie zu tränken. Auch wir
schöpfen aus dem Fluss und trinken, drehen uns
eine Zigarette und reiten weiter. Dean erzählt die
eine oder andere Episode aus dem abenteuerlichen
Leben des Pan Phillips und ich frage mich, ob seines so viel weniger abenteuerlich ist, nur weil er etwas später geboren wurde und nichts historisch
Spektakuläres geleistet, und deshalb auch niemand
Bücher über ihn geschrieben hat. Aber spielt das
hier wirklich eine Rolle? Weiter. Immer noch eine
Biegung, die es zu nehmen gilt. Immer dem Fluss
nach.

Wieder ist es später Nachmittag, als wir das
nächste Etappenziel erreichen. Auf der anderen
Seite des Flusses stehen ein Blockhaus und ein

paar Schuppen, zu denen eine Brücke führt, wie ich sie bisher nur in Filmen gesehen habe. Neben dem Haus bewegt sich die kanadische Flagge an einem hohen, rohen Mast leicht im Wind. Im Gegensatz zu Antuanne's *Outfit* wirkt hier bei aller Einfachheit und Bescheidenheit alles recht ordentlich. Als das erste Pferd seinen Huf auf die Brücke setzt, knarrt sie verdächtig, und als wir alle allmählich nachrücken, schwankt das technische Meisterwerk recht bedrohlich. Dass die Pferde nicht einfach durchdrehen, wundert mich. Sind sie so abgebrüht? Oder haben sie einfach nur Vertrauen zu uns? Sie gehen weiter, vorsichtig, behutsam aber stetig, und wir alle schaffen es gemeinsam, dass alle sechs Pferde heil auf die andere Seite gelangen. Mit kaum einem Pferd, wie ich sie aus den Reitställen zu Hause kenne, würde ich so etwas wagen. Mit jeder Stunde, die wir unterwegs sind, lerne ich diese Cowboy-Pferde mehr schätzen. Das Vertrauen zwischen Pferd und Reiter ist hier eine einfache Selbstverständlichkeit. Aber was habe ich nicht schon alles erlebt im Umgang mit Pferden bei uns daheim! Wie werden sie oft gehalten? Wie mit ihnen umgegangen? Man sperrt sie zwanzig oder mehr Stunden am Tag in enge Boxen, man quält sie nicht selten mit martialischen Reithalftern, Kandaren, Sporen und Gerten, um auf Turnieren zu glänzen, und wenn sie nicht mehr die Leistung bringen, die man von ihnen erwartet, werden sie verscherbelt. Wenn sie gut versichert sind, am besten an den Pferdeschlächter. Tierquälerei ist im Reitsport heute salonfähig, und kaum jemanden kümmert's. Das Verhältnis, wie ich es hier zwischen Reitern und ihren Pferden kennen gelernt habe, ich ein völlig anderes. Ein natürliches.

Rau, aber natürlich. Beide, Mensch und Pferd, sind einfach aufeinander angewiesen und beide scheinen das zu wissen!

Ein großer schwarzer Jagdhund kommt uns entgegen und beschnuppert unsere Border Collies. In einem einfachen Coral steht ein, wie es aussieht, schon ziemlich betagter Schimmel. Dann kommt hinter einem der Schuppen ein etwa siebzigjähriger Mann hervor und uns entgegen. Er trägt Jeans, ein kariertes Hemd und einen für seinen mageren Kopf viel zu großen Cowboyhut. Alles an ihm ist auffallend ordentlich und sauber, fast adrett. Er hat die aufrechte Haltung eines alten Soldaten und wirkt sehr selbstbewusst. Es ist Ed Adams. Auch von ihm habe ich schon einiges gehört und gelesen. Er war einst einer der zuverlässigsten Cowboys auf Pan Phillips' Home Ranch und nun lebt er schon seit langem ganz allein hier in der malerischen Wildnis am *Blackwater River*. Und er ist bekannt dafür, dass er jeden Morgen pünktlich die Nationalflagge hisst und sie abends ebenso pünktlich wieder einholt. Ganz gleich, ob ihm dabei jemand zuschaut, oder nicht.

Wieder ein kurzer *Small Talk*. Die Frage nach dem Woher und Wohin. Als Dean sagt, dass wir zur Home Ranch reiten und gleich fragt, ob er wisse, ob Pan dort sei, schüttelt der dünne alte Mann den Kopf.

„Pan hat die Ranch doch schon lange verkauft."

„Ich weiß", nickt Dean. „Aber er ist doch immer wieder mal dort zum Jagen, habe ich mir sagen lassen.

„Selten. Meistens ist er auf seiner Lodge, macht von dort aus mit seinen Gästen Jagd- und Fischtouren."

„Er arbeitet noch immer als *Guide*?"

„Das wird er tun, so lange er lebt, da bin ich mir sicher."

Dann beschreibt Ed, wie wir zur Lodge gelangen. Wir steigen aus den Sätteln und versorgen wieder die Pferde und machen Feuer.

Dean sagt, dass es mit seinem Fuß heute bedeutend besser ist. Trotzdem, er sieht nach wie vor übel aus.

„Aber zwei von Pan's Kindern wohnen hier ganz in der Nähe", sagt Ed, als wir nach einer Weile alle beisammen am Feuer sitzen. „Die freuen sich, wenn ihr bei ihnen vorbeischaut."

Mein Interesse an der Legende Panhandle Phillips und allem, was mit seinem außergewöhnlichen Leben zu tun hat, wächst mit jeder Story, die von ihm erzählt wird. Und Ed hat einiges zu erzählen.

„Wenn ihr den Phillips-Clan besuchen wollt, dann geht aber besser zu Fuß als mit den Pferden," sagt Ed. „Da führt ein ganz schmaler Trail direkt durch den Wald über den Hügel." Er deutet mit der Hand die Richtung an. „Zu schmal und zu verwachsen für die Pferde. Besucht sie ruhig, die freuen sich immer, wenn jemand kommt."

Es ist noch früh am Abend, und so beschließen David und ich, uns auf den Weg zu machen. Wir nehmen ein Gewehr mit und marschieren los. Es geht durch dichtesten Urwald auf einem sehr schmalen, an vielen Stellen von umgefallenen Bäumen versperrten Pfad eine ganze Zeitlang bergauf. Eine gute Stunde schlagen wir uns durch den Busch und fragen uns zunehmend, ob wir überhaupt noch richtig sind. Da kommen wir plötzlich an eine Lichtung. Nun geht es ein kleines Stück bergab, dann wieder bergauf und auf dem gegenüberliegenden Hügel erkennen wir jetzt eine Blockhütte.

„Okay, wir sind doch richtig!"

Da kommt uns ein jüngerer Mann den Hügel herunter entgegen. Er hinkt sehr stark, so dass ihm jeder Schritt zu schaffen macht. Er winkt uns zu.

„Hi," sagt er, als er bei uns ist. „Ich bin Barry."

„Hi, Axel", sage ich (indem ich es *Äxel* ausspreche), „das ist David."

Er gibt uns die Hand.

„Bist du nicht Pan's Schwiegersohn?" will David wissen und Barry nickt.

„Kommt mit, wir haben heißen Kaffee."

Wir folgen ihm zu der Hütte, vor der ein zweiter Mann steht. Eine Riese von einem Kerl mit kurzem Bürstenhaarschnitt und einem sehr freundlichen Gesicht. Barry stellt ihn uns vor: „Das ist Robin, Robin Phillips, Pan's Junge."

„Kaffee?" fragt Barry kurz noch einmal und wir folgen den beiden in die Hütte.

Sie besteht aus einem einzigen großen Raum, in dessen hinterster Ecke Barry's Frau auf einem Bett sitzt und ein Baby stillt. Sie lässt sich nicht stören, als wir uns alle am Tisch niederlassen. Wieder wird über die üblichen Dinge geredet, über die die Leute in der Wildnis immer reden, den letzten Winter und die Tiere, die dabei vor die Hunde gegangen sind. Über Bären, die dann und wann einem das Leben schwermachen und in diesem Zusammenhang natürlich über die Jagd. Weit aufregender für die Jungs ist allerdings ihr letzter Besuch in einer Bar in *Quesnel* oder *Price George*, wo man im letzten Winter einmal war. Mann, dort trifft sich wirklich die ganze Welt, Trucker und Holzfäller und Jungs aus den Ölfeldern in Alberta, die dort den ganzen Sommer Öl gebohrt und verdammt viel Geld verdient haben und sich, bevor sie wieder nach Hause fliegen, das schöne B.C. anschauen wollen und dann doch meistens in einer der Kneipen hängen bleiben. Mann, verdienen diese Jungs Geld! Auch ganz vornehme Typen kann man dort treffen, Manager von den Ölfirmen meistens, in gepflegten Anzügen und mit dicken Brieftaschen…

Als wir uns schließlich wieder auf den Rückweg machen, müssen wir Eier mitnehmen und Milch, und versprechen, dass wir Ed einen Gruß ausrichten. David stellt die übliche Frage nach Bären und die beiden Jungs meinen, dass sie schon lange keinen Grizzly mehr hier gesehen haben. Ein Schwarzbär treibe sich ab und zu hier rum. Barry zuckt mit den Achseln. Immerhin – „nur" ein Schwarzbär, auch wenn eine Ohrfeige von einem solchen eher tödlich ausginge als nicht! Heißt es nicht, dass Schwarzbären aggressiver sind als Grizzlys? Ich spreche Barry drauf an und er zuckt wieder die Achseln.

„Ja, schon," meint er. „Macht halt ein bisschen Krach", redet laut miteinander, oder singt ein Liedchen, dann hauen die Viecher meistens ab!" Dann fällt ihm doch noch ein, dass er vor einiger Zeit Pumaspuren gesehen hat. „Passt eben einfach auf, und – ihr habt ja eine Büchse mit."

Ein bisschen mulmig ist einem schon zumute, trotz des geladenen Gewehrs. Es ist bereits dunkel, und ich frage mich, wie wir uns, falls es tatsächlich zu einer Begegnung mit einem dieser gefährlichen Räuber kommen sollte, effektiv wehren könnten. Gewehr hin, Gewehr her.

Anflug auf die *Tatelkuz Ranch*

Abenteuerliche Brücke über den *Blackwater River*

Auf der Home Ranch des legendären Pan Phillips

Cowboy's Chat

Die Pferde werden in den Coral getrieben

Durch den Busch

Ein Kalb wird markiert

Mein Blockhaus auf der *Tatelkuz Ranch*

In den Bergen

Mit dem legendären *Pan Phillips* am Feuer

In den *Coast Mountains*

Pedro

Endlich am Ziel

Noch einmal reiten wir einen guten halben Tag. Ich frage mich manchmal, ob Dean wirklich immer genau weiß, wo wir sind und wohin wir reiten. Aber ich vertraue ihm. Wir haben ein Ziel vor Augen und wir sind nun seit Tagen in der Wildnis unterwegs, schön und fremd, manchmal auch bedrohlich und mit unzähligen Hindernissen versehen, die es zu überwinden oder zu umgehen gilt. Die Zeit als Faktor verliert jede Bedeutung. Nie zuvor habe je ein solch intensives Gefühl gehabt, eins zu sein mit der Natur, aber auch abhängig von ihrem Wesen und ihren Launen. Auch Deans nicht gerade harmlose Schussverletzung hat uns keinen Gedanken daran verschwenden lassen, ob wir weiterreiten oder nicht. Hätte es überhaupt eine Alternative gegeben? Man hat Zeit zum Nachdenken, wenn man stundenlang weitgehend schweigend durch den Busch reitet, dabei kommt mir immer wieder in den Sinn, wie leicht wir uns doch in unserer so genannten zivilisierten Welt, in der fast alles durch Technik erledigt werden kann, von unseren Zielen abbringen lassen, wenn die Technik mit ihrer scheinbar unfehlbaren Berechenbarkeit einmal schlappmacht.

Das Gelände, durch das wir reiten, ist wieder vielseitig und kräftezehrend, zuerst der schwere Boden im *Blackwater Valley*, dann geht's ewig durch den Wald, auf einem engen, geschlungenen Trail, wieder über Baumstämme hinweg und manchmal auch drunter hindurch. Einmal ist der Boden staubtrocken, dann wieder steinig, und als wir über eine weitere Bergkuppe reiten, macht uns teilweise loses Geröll zu schaffen. Es gilt wieder Bäche zu überqueren, die sich träge einen Weg durchs Gelände suchen. Wir begegnen Hirschen, die sich kaum von uns beeindrucken lassen, hören Kojoten heulen, und am Himmel kreist hin und wieder ein Weißkopfseeadler, Amerikas berühmtes Wappentier. Genau hier, in dieser wilden, heute noch nicht überall erforschten Gegend hat Pan Phillips in den Vierzigerjahren mit einer Handvoll Leuten, manchmal auch mutterseelenallein, Rinder durch die Wildnis getrieben. Auch er hatte ein Ziel und wusste nicht, wann und wie er es erreichen würde, sondern einfach nur, dass er es erreichen wollte. Eine Garantie hat ihm niemand gegeben. So ist ein *Cattle Trail* durch den Busch entstanden, der Geschichte machte. Im Winter haben er und seine Männer sich Erfrierungen eingehandelt und ausschließlich mit dem verpflegt, was sie vor den Lauf ihrer Gewehre bekamen und nach dem Schuss die steif gefrorenen Hände im warmen Kadaver ihrer Beute gewärmt. Das schwierigste daran, eine Rinderherde durch den Busch zu treiben, ist, dass die Tiere, wenn sie irgendwann und ganz plötzlich nicht mehr wollen oder können, keinen Schritt weitergehen. Sie legen sich einfach hin, eines nach dem anderen, als hätten sie es abgesprochen, und geben auf. Im Winter eine furchtbare Vorstellung! Wenn Minusgrade von dreißig oder vierzig Grad Celsius vorherrschen, was in dieser Gegend keine Seltenheit ist, und wenn schneidende Blizzards durch das Tal pfeifen, und Wölfe vom Hunger getrieben heulend die Herde umkreisen, dann wird das schöne Land zu einer weißen Hölle. Aber die Sommermonate waren nicht viel einfacher. Wenn das Eis getaut ist, bilden sich überall tiefe, teilweise kaum erkennbare Sumpflöcher und schwerer Morast. Die Cowboys mussten manches Rind oder Pferd erschießen, weil es sich ein Bein in einem dieser verdammten Morast-Löcher gebrochen hatte, oder so tief eingesunken war, dass man es einfach nicht mehr herauskriegte. Andere sind den Fluten in einem der Flüsse zum Opfer gefallen.

Auch wenn wir keine Herde störrischer, sturer oder aggressiver Rindviecher bei uns haben, ist diese Tour für uns voller unvorhersehbarer Erlebnisse und Erfahrungen. Auch für uns ist der Untergrund heimtückisch und kräfteraubend, auch wir werden von Millionen Moskitos geplagt in dieser wunderschönen, aber menschenfeindlichen und gefährlichen Moorlandschaft des *Blackwater Valley*. Und wir müssen auf der Hut sein.

Im Laufe der Zeit hat Pan Phillips dann auch immer mehr Handel mit den ansässigen Indianern getrieben, mit denen er sich verstand wie kein zweiter. Er hat irgendwann einmal einen schweren Schlitten gebaut und im Winter aus *Quesnel* oder *Anahim Lake* Waren, die für die Indianer die große weite Welt bedeuteten, in die Wildnis transportiert und im Gegenzug die Felle der Indianer mitgenommen und an Händler in den kleinen Städtchen und Siedlungen verscherbelt. So ist die Home Ranch im Laufe der Zeit zum Mittelpunkt dieses Teils der Wildnis geworden. Er soll aber immer fair gewesen sein, heißt es, und die Indianer haben es ihm mit gleicher Münze zurückgezahlt.

Unser Trail, der uns seit einige Zeit durch den Wald führt, endet endlich an einer großen weiten Grasfläche, die von einem *Snake Fence,* einem dieser für diese Gegend typischen Zäune, die auch der stärkste Bulle nicht durchbrechen kann, begrenzt ist. Diese Zäune bestehen aus ganzen Baumstämmen, die an den Enden eingekerbt und in Schlangenform ineinander gefügt sind. Das gibt eine Festigkeit, wie manche Steinmauer sie nicht bieten kann. Was es hier nun mal im Überfluss gibt, ist schließlich Holz, mit dem man beileibe nicht zu sparen braucht. Wir folgen dem Zaun ein Stückchen, bis wir an ein Gatter kommen, durch das wir ins Innere der unüberschaubaren Weide gelangen. Einige Pferde stehen beieinander und schauen uns an, jedoch ohne näher zu kommen. Am Ende der riesigen Wiese dehnt sich ein leuchtend blauer See aus, an dessen Ufer akkurat aufgereiht die Blockhäuser der Lodge stehen.

Es ist auf jeden Fall jemand da, stellen wir fest, denn vor den Häusern steht ein Flugzeug. Neuzeit pur mit einem Mal! Als wir etwas näherkommen, sehen wir neben der Cessna, die eine amerikanische Zulassungsnummer trägt, ein älteres Paar und einen jungen Mann stehen, und bei ihnen - Panhandle Phillips höchst persönlich.

Pan trägt eine blaue Windjacke und eine rote Baseballmütze, der Beitrag des alten Cowboys, Ranchers und Waldläufers zur Moderne, über den im Busch immer wieder geredet und geschmunzelt wird, wie Dean sagt. Aber Pan sei nun mal keiner, meint Dean, der sich um das schert, was andere sagen oder denken

Die Begrüßung ist, wie immer im Busch, kurz und emotionslos. Ein kleiner Small Talk einfach, bei dem Dean mich als seinen *German Partner* vorstellt, was für Pan interessant zu sein scheint. Schließlich war es der Krieg gegen Deutschland, der das große Abenteuer Home Ranch in den Vierzigerjahren ausgelöst hat. Pan war Vormann auf der Rinderranch eines Mister Pennoyer gewesen, als der zweite Weltkrieg immer mehr Länder und Kontinente in Beschlag nahm, und vor allem England immer stärker darin verwickelt wurde. So rief auch Kanada, deren Staatsoberhaupt der britische König war, die jungen Männer zu den Waffen, und damit stand die Ranch kurze Zeit später vor dem Kollaps. Wer sollte tausende von Rindern über den Winter bringen, wenn all die Cowboys irgendwo in den Kasernen saßen oder bereits nach Europa verschifft waren? Viele „Krisensitzungen" machten Pennoyer das Leben schwer. Der Winter stand bevor und das Land gab nicht her, was diese riesige Rinderherde und die vielen Pferde brauchten. Das erforderliche Futter herbeizuschaffen, war einfach nicht möglich ohne eine entsprechende Mannschaft. Und wie immer, wenn es in einem Unternehmen eng wird, machten nun die Banken Schwierigkeiten. Sie wollten so schnell wie möglich ihre Darlehen zurückhaben, und Pennoyer stand vor der Pleite. Es sei denn, es wurde eine an ein Wunder grenzende Lösung gefunden, war die Ranch nicht mehr zu retten. Und diese Lösung fand Pan Phillips. Er redete von dem Land jenseits der Berge, von dem er gehört hatte, und bot Pennoyer an, es zu versuchen, Weideland jenseits der Berge zu suchen. Er brach auf zum *Last Frontier* des amerikanischen Westens.

Pan tut es leid, dass er wegmuss. Er werde heute noch mal für einen Tag mit seinen amerikanischen Gästen zum Fischen fliegen, sagt er, sei aber heute Abend wieder zurück, und er würde sich freuen, wenn wir über Nacht blieben. Selbstverständlich könnten wir es uns hier solange bequem machen. Wir wollen aber zur Home Ranch, was in einem Tag hin und zurück zu schaffen ist, und so verabreden wir uns auf den Abend und brechen ohne weitere Verzögerung auf.

Die Home Ranch stiehlt wirklich jeder Hollywood-Kulisse die Show. Umrahmt von Tannen, soweit das Auge reicht, liegt sie am Rande einer riesengroßen Weidefläche an einem Bach, dem *Pan Creek* (wie könnte er auch anders heißen). Vierzig oder fünfzig halbwilde Pferde stehen im hohen Gras und mustern uns, als wir über die Fläche reiten. Bei den Blockhütten angekommen, satteln wir unsere Pferde ab und machen es uns erst mal bequem. Das also ist die legendäre Home Ranch! In dem Buch „*Grass beyond the Montains*", das die Geschichte von Pan Phillips und seinen Leuten und der Home Ranch beschreibt, und inzwischen auch verfilmt worden ist, wird erzählt, wie Pan das Haupthaus aus rohen Stämmen gezimmert hat. Dass er dabei recht wenig Wert auf handwerkliche Vollkommenheit gelegt hat, ja, dass er sogar richtig schlampig sein konnte, ist nach wie vor sichtbar, aber es war *sein* Paradies, *sein* Zuhause für viele Jahre.

Rich Hobson, der Autor und enge Freund Pans hat wirklich nicht übertrieben. Das Haus ist schief, wo ein Haus auch nur schief sein kann. Nicht anders die anderen Hütten, auf deren Dächern bereits meterhohe Tannen wachsen. Aber das Land ist einfach gigantisch, eine Filmkulisse, wie man sie nicht schöner malen könnte.

Vor allem haben wir Glück mit dem Wetter. Wir lassen uns nieder, lassen die Pferde grasen, kochen Kaffee – üblicherweise das erste, was Cowboys tun, wenn sie Rast machen - fangen ein paar Forellen im Bach, und lassen uns von der Sonne die Steifheit aus den Knochen treiben, während die Fische langsam auf dem Feuer gar werden. Am späten Nachmittag schließlich brechen wir wieder auf und reiten zurück zu Pans Lodge. Es ist nicht viel mehr als ein Spazierritt verglichen mit allem, was wir in den letzten Tagen zurückgelegt haben. Als wir die Lodge erreichen, zieht sich eben die Sonne zurück und wir suchen uns einen Platz am Wasser. Das Flugzeug ist nicht mehr da und mit ihm ist auch die amerikanische Familie verschwunden. Also muss Pan zuhause sein. Nach einer Weile hören wir Motorengeräusch, und tatsächlich holpert der alte Waldläufer, Rancher, Pferdetrainer, Jäger, Entdecker und was immer er sonst noch sein mag auf einem Trike vom Flugzeuglandstreifen her auf unseren Lagerplatz zu. Auch wenn das dreirädrige japanische Gefährt weder in den Busch passt, noch zu seinem Fahrer, so sieht er selber jetzt wenigstens genauso aus, wie man ihn sich vorstellt, ein alter Cowboy in Jeans und abgewetzten Stiefeln und mit einem speckigen Stetson auf dem Kopf, und nicht mehr *fancy dressed* für die große weite Welt da draußen.

Ob alles okay sei, will er wissen, und ob wir auch genügend Kaffee bei uns hätten, ja, er werde lediglich seine neue technische Errungenschaft, diese dreirädrige Honda, versorgen und dann zu uns kommen. Außerdem müsse er uns unbedingt noch eine andere, viel bessere neue Errungenschaft zeigen.

„Ihr werdet staunen," sagt er. Ganz was anderes sei es, als all diese modernen technischen Vehikel, die mal funktionieren und mal nicht. Er wendet sein Gefährt, gibt Gas und kommt nach einer Weile zurück, am Strick ein Pferd. Es ist ein Buckskin-farbiger Quarter-Horse-Hengst, kraftstrotzend, jung, energisch in seinen Bewegungen. Pan ist sichtlich stolz. Das ist seine Welt! Pferde sind ein Leben lang seine treuesten Begleiter und oft einzigen Ansprechpartner gewesener.

„Vor wenigen Wochen gekauft," sagt er. „Ein absolut erstklassiger Zuchthengst."

„Du züchtest immer noch Pferde."

„Ich werde züchten, so lange ich lebe."

Er bindet den Hengst an einen Baum und geht einige Schritte zurück und betrachtet ihn von der Seite. Sein Gesicht strahlt. Es ist wirklich ein Traum von einem Pferd! Ich habe mich schon lange in die Westernpferde verliebt, nicht zuletzt wegen ihrer enormen Leistungsfähigkeit, und das hier ist ein Prachtkerl.

Nach einer Weile bindet er ihn los, lässt ihn einfach laufen, und der Hengst trabt gemütlich dem Waldrand zu, wo wir vorhin eine kleine Herde gesehen haben. Der Abend wird lang, aber kein Buch und kein Film hat mich jemals so hautnah ich die abenteuerliche Pionierzeit zurückversetzt, wie die Erzählungen dieses alten Raubeins. Er ist genau, wie ich ihn beschrieben bekommen habe, derb, witzig, herzlich und schlitzohrig, und offensichtlich ein Mann, der nicht nur in und mit der Wildnis lebt, sondern unbestreitbar ein Teil von ihr ist. Als Jäger und Fischer, Waldläufer, Pferdemann und Viehzüchter, aber auch als temperamentvoller Erzähler. Ich glaube, wenn jemand Begriffe wie Ruhestand, Rentnerdasein oder dergleichen erwähnen würde, würde Pan einfach nur den Kopf schütteln oder ein paar derbe Witze von sich geben. Wir trinken Kaffee und rauchen selbstgedrehte Zigaretten, man redet von Pferden und Rindern, von verdammt harten Wintern und von raubgierigen Bären. Pan erzählt, wie er in den ersten Jahren seinen Lebensunterhalt und den seiner Familie hauptsächlich mit Fallenstellen und dem Pelzhandel bestritten hat und mit dem Handel zwischen den Indianern hier im Busch und der „Welt draußen". Er erinnert sich vor allem an die Kriegsjahre, als alle jungen Männer eingezogen worden sind, und die wenigen, die daheim übrigblieben, einfach überfordert waren, und ganze Viehherden verendeten oder notgeschlachtet werden mussten, weil man sie nicht versorgen konnte. Und er schimpft über die „verdammten" Banker, die fleißigen und ehrlichen Ranchern einfach das Licht ausgeblasen haben, und meint, dass man sie alle aufhängen müsste.

Als wir am anderen Morgen den Heimweg antreten, weiß ich, dass ich eine Welt verlasse, die es so kaum noch irgendwo gibt und die ich vielleicht nie wiedersehen werde, deren Geist aber nach wie vor lebendig ist. Es sollten Jahre vergehen, bis ich wirklich begreife, was man von dieser Welt und ihren Menschen und den Tieren, die hier aus dem Leben der Menschen nicht wegzudenken sind, lernen kann. Wie viel wird in unserer Zeit von Teamwork geredet und von Teamfähigkeit und Führungsqualifikation. Aber worauf kommt es dabei wirklich an? Teamwork ist in der Natur keine Spielart, die man nach Lust und Laune nutzen kann, sondern lebenswichtige Notwendigkeit mit klaren Regeln. Arroganz und Überheblichkeit und purer Ellbogengebrauch haben dabei ebenso wenig Erfolg, wie Ängstlichkeit, Feigheit und volle Hosen eine Lösung für Probleme sind. Aufeinander angewiesen zu sein, heißt zu geben, anstatt nur zu nehmen, gemeinsam an einem für Strang zu ziehen, anstatt erst einmal die eigenen Vorteile zu erörtern. Wir sind ein Team gewesen auf dieser Tour, vier Männer, sechs Pferde und drei Hunde, ein kleines Team von unterschiedlichen Kreaturen mit unterschiedlichem Wesen und unterschiedlichen Begabungen. Gemeinsam jedoch haben wir viele Hindernisse überwunden und das Ziel erreicht, das wir erreichen wollten.

Wir nehmen jetzt einen ganz anderen Weg. Der Boden ist fest und trocken und der Trail, auf dem wir reiten, führt meistens durch den Wald.

Nach einer Weile treffen wir auf einen ausgefahrenen Fahrweg. Es ist die Route, die Pan und seine Leute damals aus dem Busch gehauen und mit dem sie eine „Straße" zur Zivilisation geschaffen haben. Die tief in die Erde gegrabenen Rillen zeigen genau, wo die hölzernen Pferdewagen gefahren, oder besser geschlingert sind. Selbst mit einem guten Geländewagen dürfte man Schwierigkeiten haben, hier durchzukommen, und auch die Pferde bevorzugen es, neben den Fahrrinnen zu gehen. Allmählich steigt das Gelände ein wenig an und die Tannen werden weniger. Einzelne Büsche, Espen, Birken, ein paar Kiefern bestimmen immer mehr das Landschaftsbild. Nichts ist eintönig hier, nichts gleichmäßig. Wieder heult irgendwo ein Kojote, er meldete seinen Artgenossen unser Kommen an. Ein zweiter stimmt ein, und dann die anderen, und wie auf Kommando jagen die Hunde einmal mehr mit lautem Gebell in den Wald hinein. Dean kümmert sich nicht darum.

"Die ärgern die Kojoten nur ein bisschen", sagt er und zuckt gleichgültig die Achseln, obwohl er weiß, dass diese recht gefährlich sein können. "Wenn's ernst wird, kommen sie zurück."

Wollen wir's hoffen!

Wir ziehen Weg weiter, und nach einiger Zeit hören wir hinter uns auf einmal wieder das Hecheln unserer Hunde, da sind sie wieder, alle drei, außer Atem, aber unversehrt.

Immer wieder sprengen die drei Border Collies weg und in den Busch hinein, vielleicht einem Hasen oder einem Hirsch hinterher, vielleicht auch nur

wegen eines *Squirrels*, jenen kleinen, flinken Eichhörnchen, die in blitzartiger Geschwindigkeit an den
Bäumen auf- und ab flitzen. Noch einmal geht es
auf engen *Trails* durch den Wald. Immer wieder
müssen die Pferde über Hindernisse klettern, bleiben die Packtiere mit ihren breiten Kästen an Bäumen hängen, so dass man sie wieder zurück bugsieren muss, ehe sie weiterkönnen, und manchmal
wird der Trail so verdammt eng, dass wir uns einen
Weg durch das Dickicht suchen oder aufgeweichte
Senken mit schwarzem, zähem Morast durchwaten
müssen, den abfließendes Wasser zurückgelassen
hat. Das Risiko, dass sich eines der Pferde ein Bein
verstaucht oder eine Zerrung holt, ist auch bei uns
immer präsent. Vor allem Geduld ist nötig, und die
Bereitschaft, umzudrehen und einen neuen Weg zu
suchen, wenn der eingeschlagene versperrt ist.
Was dabei völlig fehl am Platze wäre, sich unter
Zeitdruck zu setzen.

Als wir irgendwann einmal die *Tatelkuz Ranch*
erreichen, liegt nicht nur ein langer ebnisreicher Ritt
durch die Wildnis hinter mir, sondern unvergleichliche Erfahrungen. Ich bin einfach nur geritten, so wie
schon öfters. Ich habe am Lagerfeuer gegessen
und geschlafen, so wie schon öfters, hinter uns die
Pferde, ganz einfach an Bäume gebunden. Ich habe
nachts die Wölfe und Kojoten heulen hören, ebenfalls wie schon des Öfteren. Ich habe aber erlebt,
wie ein Stück Geschichte wieder lebendig wurde,
die man sonst nur aus Büchern und aus Filmen
kennt, und aus der ich viel gelernt habe. Vor allem,

welch wichtige Bedeutung die Pferde für uns Menschen seit Urzeiten haben. Und das hat sich hier offensichtlich nie geändert.

Wie der „Rote Mann" reiten lernte

Panhandle Phillips war wie kein anderer bekannt für seine enge Beziehung zu den Indianern. Vor allem der Handel mit Pferden war zwischen ihm und den *Natives* – wie sie sich selber nennen - etwas Alltägliches, so hatten sie auch einen weitestgehend gemeinsamen Blickwinkel, wenn es um die Beurteilung dieser lebenswichtigen Vierbeiner ging. Worauf kam es an, um ein Pferd als gutes Pferd zu bezeichnen? Was musste es können bei der Arbeit mit Rindern, und was auf der Jagd, oder wenn man tagelang in der Wildnis unterwegs ist? Musste es seinen Reiter nicht auch warnen, wenn Gefanhr drohte?

Wenn wir heute über Pferde und das Reiten reden, wenn immer wieder neue „Pferdeflüsterer" und solche, die sich dafür halten, auf der Bildfläche erscheinen, und wenn über *Horsemanship* und vieles mehr mit oft religiösem Eifer diskutiert wird, kommt man um die Indianer der nordamerikanischen Ebenen, Wälder und Berge nun mal nicht herum. Was aber hat diese Jäger und Krieger zu einem Mythos gemacht, der an Popularität alle anderen Reitervölker übertrifft? Wie waren sie, diese Ureinwohner Amerikas, und was machte sich zu so außergewöhnlichen Reitern?

Ist es einfach nur eine Inszenierung von einigen Hollywood-Regisseuren, wenn wir auf der Kinoleinwand einen wilden Haufen „Rothäute" auf gescheckten, ungesattelten Pferden und ohne Zügel in der Hand zu haben den Tomahawk schwingend oder mit Pfeil und Bogen um sich schießend der Kavallerie entgegengaloppiert und die Soldaten angreift oder einen Siedlertreck niedermetzelt? Oder sind es doch authentische Überlieferungen, die hier nachgespielt und gedreht werden? Die Indianerkriege waren grausam und gnadenlos, und auf beiden Seiten waren es die Berittenen, die den Ton angaben, weil sie nun mal die schlagkräftigste Waffengattung damals waren. Dem Stolz der berühmten US-Kavallerie zum Trotz berichteten viele Zeitgenossen unabhängig voneinander, wie unvorstellbar es war zu sehen, wie die indianischen Krieger und ihre Pferde wie eine zusammengewachsene Einheit wirkten, gegen die die nach preußischem Vorbild militärisch gedrillten Kavalleristen auf ihren ebenfalls bestens trainierten Tieren ein geradezu steifes Bild abgaben. Apachen, Komantschen, Sioux oder Kiowas oder wie sie alle heißen drehten und wendeten sich im vollen Galopp auf dem Pferderücken in alle Richtungen, um gezielt schießen oder den Tomahawk werfen zu können, und viele beherrschten es, sich an die Seite des Pferdes zu hängen und unter dessen Bauch hindurchzuschießen. Und was das faszinierendste war: Die Pferde drehten deshalb keineswegs durch und brauchten von ihren Reitern kaum dirigiert zu werden, und wenn einer der Reiter absprang, um einen Gegner anzugreifen, lief sein Pferd wieder geradewegs auf ihn zu, damit er wieder aufspringen konnte. All das sind keine Märchen, sondern Tatsachen, über die berichtet, erzählt und geschrieben wurde von Leuten, die dabei waren!

Die Indianer entwickelten sich sehr spät zu einem Reitervolk. Wie wir wissen, bekamen sie überhaupt das erste Mal Pferde zu Gesicht, als die Spanier welche mitbrachten. Nachdem sie dann irgendwann einmal erkannten, dass man diese den Spaniern zu Hunderten entlaufenden und allmählich verwildernden Tiere nicht nur essen, sondern auch als Nutztiere gebrauchen konnte, brach für die Ureinwohner Nordamerikas eine neue Zeit an. Man konnte mit diesen "großen Hunden" weit größere und schwerere Lasten ziehen als mit den seit Urzeiten verwendeten „gewöhnlichen" Hunden, die man vor die sogenannten *Travois* spannte, um sie als Zugtiere zu benutzen. Und da man für diese großen, starken und bis dahin unbekannten Tiere, die obendrein noch ungewöhnlich friedlich und gefügig waren, einen Namen brauchte, nannte man sie in vielen indianischen Sprachen schlicht und einfach "großer Hund". Bis es jedoch so weit war, verging noch einiges an Zeit und eingehenden Studien.

Die Prärieindianer sind immer Jäger gewesen, keine Sammler, und erst recht keine Ackerbauern, zu dem die Weißen sie gewaltsam zu machen versuchten, und woran viele Stämme schließlich auch zerbrochen sind. Um mit einfachen Waffen wie Pfeil und Bogen oder einem Speer so große und wehrhafte Tiere wie den Bison, oder aber den schnellen Hirsch zu jagen, galt es, das Verhalten der Beutetiere intensiv zu beobachten und zu studieren. Da gilt es zu warten, bis der Wind richtig steht, es gilt zu erkennen, wenn ein Tier aufmerksam ist, jedes Ohrenzucken deuten zu können, jede noch so kleine Bewegung der Muskeln, der Augen, des Schwanzes richtig zu beurteilen und dabei langsam näher und näher an das Wild heranzukommen, ohne selber bemerkt zu werden, um dann im richtigen Augenblick schließlich zuzuschlagen. All das machte die indianischen Jäger im Laufe der Jahrtausende zu Experten darin, wie ein Tier zu denken, zu fühlen und zu handeln. Und genau diese Taktik wendeten sie nun auch an, wenn sie die wildlebenden Pferde einfingen, um sie als Reittiere nutzbar zu machen. Denn der Vorteil, beritten zu sein, war sowohl bei der Jagd als auch im Krieg offensichtlich, und was diese Bleichgesichter konnten, mussten sie schließlich auch lernen können!

In der Praxis sah das in der Regel so aus, dass eine Gruppe Indianer einer Herde wildlebender Pferde einfach folgten. Ohne Hektik, ohne die Tiere in Panik zu versetzen und sie zu verscheuchen. Sie folgten ihnen einfach, als seien sie selber Bestandteil der Herde, und trieben sie in unendlicher Geduld vor sich her, viele Tage lang oft. Dann, ganz plötzlich änderten sie ihr Verhalten; sie drehten einfach um, und bewegten sich auf einmal von den Wildpferden weg. Wieder ohne Hektik, wieder ohne jede

Hast. Und - siehe da - die Herde wendete ebenfalls, drehte um und folgte nun den abziehenden Reitern. Dieses Spiel von Wegtreiben und Anlocken wurde wieder und wieder gespielt, und dabei der Abstand zwischen ihnen und den Wildpferden nach und nach verringert. Heimlich, still und leise, bis endlich der Zeitpunkt gekommen war, wo sie "zuschlagen" konnten: Sie lockten die Herde in einen vorher errichteten Coral oder einfach in eine Sackgasse, die das Gelände ihnen bot. Waren sie nun in der Falle, folgte wieder ein langer Prozess, der nur mit viel Geduld gewonnen werden konnte. Es galt das Vertrauen der Pferde zu gewinnen. Gewiss kein einfaches Unterfangen mit wilden oder vielmehr verwilderten Pferden!

Eines machte die Indianer schließlich auch sehr schnell zu Reitern, die den Weißen ganz offensichtlich überlegen waren, obwohl ihnen jegliche reiterliche Tradition fehlte, nämlich ihre Geduld und ihr Einfühlungsvermögen. Das Geheimnis war nicht mehr und nicht weniger als ihre grundlegend andere Einstellung zu den Tieren überhaupt.

Es gehört zur weltanschaulichen und religiösen Tradition der amerikanischen Ureinwohner, Tiere "Brüder und Schwestern" zu nennen und sie so zu behandeln, wie man einen Bruder, eine Schwester oder auch einen guten Freund nun mal behandelt. In der Praxis bedeutet das, dass das Pferd zu einem Bestandteil des Lebens und des Alltags wurde, den man als seinesgleichen schätzte und achtete, geschaffen von dem einen großen Schöpfer, der alles Leben wohlgeordnet zu einer Einheit zusammengefügt hat. Ich habe traditionelle Indianer, wenn sie von Gott sprachen, ihn immer *Creator* – also Schöpfer – nennen hören. So war es für die Indianer einfach selbstverständlich, dem Pferd Respekt entgegenzubringen und ihm das auch zu zeigen. Das heißt keineswegs, dass die Indianer ihre Pferde verhätschelten, es heißt aber, dass sie sie behandelte, wie Pferde einander gegenseitig behandeln, und dabei die Rolle einnahmen, die in der Herde das Leittier innehat. Das Pferd war für den indianischen Krieger und Jäger ein gleichwertiger Partner und die unterschiedlichen Fähigkeiten, mit denen der Mensch einerseits und das Pferd andererseits ausgestattet sind, gemeinsam zu nutzen. Wir reden heute so viel von *Teamwork*, im Sport ebenso wie im Berufsleben, unter den alten, traditionellen Indianern und ihren Pferden hätten wir die besten Lehrmeister finden können, die man sich vorstellen kann!

Über die Reitweise der Indianer ist lange Zeit recht wenig Genaues bekannt gewesen. Erst in jüngster Zeit befassen sich Angehörige der "First Nation" verstärkt auch mit der Rolle, die das Pferd im Leben ihrer Vorfahren spielte. Es sind einige wenige, die es sich man kann schon sagen mit wissenschaftlicher Genauigkeit zur Forschungsaufgabe gemacht haben, die Reitkunst wiederzuentdecken, die die einstigen Herren der Prärie zu so erfolgreichen Jägern und gefürchteten Gegnern hat werden lassen.

Das Geheimnis war, durch ständiges innigstes Zusammenleben genau zu wissen, was das Pferd denkt, welche Bedürfnisse es hat oder wovor es sich fürchtet, und dann entsprechend zu reagieren. Das galt vor allem für das "Kriegspony", das seinen Reiter auf Schritt und Tritt begleitete und nicht selten auch das Zelt mit ihm teilte.

Die *Indian Ponys* waren nicht nur äußerst harte und widerstandsfähige Tiere, sondern hatten dadurch eine extrem enge Beziehung zu ihren Reitern. In alten Berichten ist immer wieder davon die Rede, dass diese Pferde auf den leisesten Wink, oft nur auf ein Augenzwinkern gehorchten, es heißt sogar, dass sie die Gedanken ihrer Reiter lesen konnten und unaufgefordert taten, was diese von ihnen erwarteten. Die Zäumung der Indianer war einfach, aus Rohleder geknüpft, sehr oft war es nur ein einziges um den Unterkiefer des Pferdes gebundenes Seil, das man wohl kaum als Zügel bezeichnen kann. Es diente zu nichts anderem, als dem Tier einen kurzen Impuls zu schicken. Die Sättel dagegen waren oft sehr kunstvoll gearbeitet und verziert, und erinnern von der Art und vom Aufbau her an die Sättel der Reitervölker aus den osteuropäischen und asiatischen Steppen. Ein grundlegender Unterschied zu anderen Steppenvölkern ist jedoch der gesellschaftliche Stellenwert, den das Pferd bei den Indianern einnahm. Anzahl und Qualität der Pferde stellten für den Indianer *das* Statussymbol schlechthin dar, wiesen ihn also als wohlhabend aus, während bei anderen Völkern dieser Stellenwert vom Besitz ihrer Viehherden eingenommen wurde.

Durch die sehr enge persönliche Bindung zwischen Pferd und Reiter – und jeder Indianer besaß mehrere Pferde – bewirkte, dass jedes Tier eine eigene Aufgabe zu erfüllen hatten, ganz nach seinen Fähigkeiten und Eigenschaften, ja, nach seiner jeweiligen Persönlichkeit, die der Reiter kannte und schätzte.

Sowohl die existentiell wichtige Bedeutung, die das Pferd im Leben der Prärieindianer einnahm, als auch die bereits erwähnte grundlegende Einstellung der Indianer allen Lebewesen gegenüber sind der Grund dafür, dass grobe oder gar brutale Behandlung der Pferde bei ihnen eher die Ausnahme war. Um mit Tieren - den "Brüdern und Schwestern des Menschen" also - kommunizieren zu können, musste man sich deren "Sprache" bedienen. Das war für die Indianer nie eine Frage gewesen. Und diese "Sprache" lässt sich auf keine andere Weise erlernen, als durch Beobachten und Nachahmen. Darin waren die Indianer zweifellos Meister, und gleichzeitig der beste Beweis dafür, dass mit Verständnis mehr zu erreichen ist als mit Gewalt und allen Hilfsmitteln, die der Mensch zu erfinden im Stande ist.

„Open Range" oder ab in die Box?

Der Morgen ist kalt. Es ist Herbst, Anfang Oktober. Vom See her weht ein eisiges Lüftchen, und über der Wasseroberfläche hängen vereinzelt Nebelschwaden. Über uns kreist ein Adler, ein Weißkopfseeadler, der mit seinen scharfen Augen nach winzigen Bewegungen auf dem Wasser Ausschau hält, um dann herabzuschießen wie ein Sturzkampfbomber und eine Forelle herauszuholen oder einen Weißfisch, der es gewagt hat zu mucken. Ein paar Vögel zwitschern schon irgendwo, trotz der Kälte.

Ich bin zurück in Kanada. Zurück auf der *Tatelkuz Ranch*. Endlich wieder einmal! Seit fast einer Stunde sind wir unterwegs auf der Suche nach den Pferden, die wir „nach Hause" treiben wollen. Rund dreißig Tiere müssten es sein, hat Dean gemeint.

„Ich will die Pferde auf der Ranch haben, ehe der Winter einbricht," sagt Dean und dreht sich eine Zigarette.

„Reiten wir zurück" sagt er. „Ich denke, sie sind oben in den Bergen, am besten ihr startet morgen zeitig, dann seid ihr am Abend zurück."

Ihr? Ich schaue ihn an.

„Ich denke, dass du mit Wes zusammen morgen früh aufbrichst," sagt er. „Der Weg dort hinauf ist nicht ganz einfach. Kostet vor allem viel Zeit. Deshalb startet so bald wie möglich."

Wir haben uns schon oft über Pferde und das Reiten und den Unterschied zwischen hier, dem Westen Kanadas und mein Zuhause in Deutschland unterhalten. Dean ist interessiert. Er kennt meine Heimat schließlich nur aus der einen oder anderen Zeitschrift, wo er schon viel über Pferde und die Reiterei gelesen hat, über dieses *English Riding* und die *funny Pancake Saddles*, wie sein alter Vater unsere Sättel einmal nannte, „lustige Pfannkuchen-Sättel".

„Ihr habt ja keine offenen Weideflächen wie wir hier?" weiß er. „Bei euch ist alles eingezäunt, nicht wahr?"

Ich nicke.

„Da können sie nicht so weit weglaufen wie hier." Er lacht und nimmt einen Zug aus seiner Selbstgedrehten. „Okay, hat natürlich auch seine Vorteile. Dann braucht ihr nachts keine Angst zu haben, dass eines der Pferde abhandenkommt."

„Habt ihr Probleme mit Bären?" will er nach einiger Zeit wissen, und ich muss lachen.

Irgendwie scheint er sich unsere deutschen Wälder und Fluren falsch vorzustellen. Darum kann er auch sicher nicht verstehen, wie bei uns die Pferde gehalten werden. Die meisten jedenfalls. Ich erzähle ihm, dass nur wenige Leute ihre Pferde nachts im Freien lassen. Dass es einfach üblich ist, sie in Boxen zu sperren, wo sie auch gefüttert werden, und von wo man sie dann herausholt, um zu reiten.

„Du meinst, jedes Pferd ist in einer separaten Box?"

„Fast immer."

„Und sie sind getrennt voneinander durch…?"

„…durch ein Gitter, richtig. So dass sie einander sehen können."

„Ich habe das schon gesehen. In Filmen. Aber ich dachte, das sei nur, wenn sie auf Turnieren sind und so."

„Nein. Das ist das Normale. Fast immer."

Dean runzelt die Stirn und schaut mich an: „Hältst du deine Pferde auch so?"

„Nachts ja, tagsüber sind sie draußen. Okay, im Sommer lasse ich sie auch oft über Nacht draußen," erkläre ich, und habe das Gefühl, als müsse ich mich rechtfertigen oder gar entschuldigen. „Ich habe eine große Weide und eben nur zwei Pferde."

„Und die Leute, die keine große Weide haben?"

„In vielen Reitställen zum Beispiel, da stehen sie einfach den ganzen Tag in der Box. Außer wenn man sie zum Reiten herausholt. Oder mal eine Stunde oder zwei auf eine Koppel führt."

Cowboys sind keine Zuckerpüppchen, und mancher Westeuropäer bekommt ein mulmiges Gefühl, wenn der dabei zuschaut, wie man Kälbern und auch den Fohlen das Zeichen der Ranch mit einem glühenden Eisen ins Fell brennt. Oder wenn er mitbekommt, wie ein Pferd, wenn es am Ende seiner Tage angekommen ist, mit einer Kugel aus der Winchester erlöst wird. Grausam? Nicht für Dean und seine Leute. Nicht das Erschießen eines Pferdes findet er grausam, denn das geschieht ja nur, um es von einem Leiden zu erlösen. Wirklich grausam dagegen empfindet er es vielmehr, wie manche Pferde ihr Leben zubringen müssen. Er hat davon gehört, wie im fernen Europa angeblich Pferde gehalten werden, junge, gesunde Pferde, aber er konnte es sich nicht recht vorstellen.

„Pferde sind doch wie Rehe und Hirsche oder ein Elch" sagt er, und ich habe fast das Gefühl, als müsse er ein wenig mit den Tränen kämpfen, nachdem er einige Zeit nachgedacht hat. „Pferde müssen sich doch frei bewegen können, laufen, galoppieren, herumtoben..."

Als Kind dachte auch ich mir nichts dabei, ein Pferd in einem Ständer stehen zu sehen. Schließlich waren alle Pferde so untergebracht. In den meisten Reitbetrieben gab es auch keine Weide oder Koppel, keinerlei Auslauf also, und niemand störte sich daran. Das war eben nun mal so, ist immer so gewesen... - Nun waren die Pferde der Bauern und auch der Soldaten früher natürlich den ganzen Tag bei der Arbeit unmittelbar mit ihrem Herrn zusammen, sie kannten also weder Langeweile noch Einsamkeit, so dass es entspannend war, sich im Stall ausruhen zu können. Trotzdem habe ich nie wirklich verstanden, dass sich offenbar niemand darüber Gedanken machte, ob sich ein Pferd auch wohl fühlt. Schließlich ist ein Pferd kein Sportgerät oder Gebrauchsgegenstand. Als ich Anfang der Siebzigerjahre meinen ersten eigenen Stall bezog, war es für mich selbstverständlich, dass meine beiden Pferde von morgens bis abends auf der Weide waren, im Sommer oft auch während der Nacht. Da konnte es durchaus sein, dass jemand Anstoß daran nahm, falls das Wetter mal ein bisschen umschlug. Einem Halter von Island-Pferden wurde sogar der Tierschutzverein auf den Hals gehetzt, weil seine Ponys (pardon: seine Pferde!) im Winter draußen waren, als es schneite.

Dass diese Zustände irgendwann hinterfragt wurden, konnte nicht ausbleiben, auch wenn es lange Zeit nur zögernd geschah, und die, die sie hinterfragten, zunächst wenig beachtet wurden. Doch die beharrliche Aufklärungsarbeit dieser wenigen tat ihre Wirkung. Es ist viel über das, was wir heute „artgerechte Haltung" nennen, nachgedacht worden in den vergangenen dreißig oder vierzig Jahren. Sicher hat auch der Durchbruch der Westernreiterei ein wenig dazu beigetragen, das, was bei uns „normal" war, zu überdenken. Auch die Zunahme der so genannten Freizeitreiterei spielt sicher eine wesentliche Rolle. Ein Pferd ist ein Lebewesen, das fühlt und Bedürfnisse hat, und zwar Bedürfnisse, die seiner Natur entsprechen. Und dazu gehört sicher nicht, in einer engen Box eingesperrt, oder gar nebeneinander angebunden zu sein. Glücklicherweise ist die „Ständerhaltung" - die auch einmal „normal" war – bei uns inzwischen verboten. Nicht viel besser ist es allerdings, ein Pferd den lieben langen Tag in eine Box zu sperren, wo es eine Wand anstarrt und seine Artgenossen allenfalls durch ein Gitter hindurchsehen kann. Damit wird auch der schönste Stall, die geräumigste Box zum Gefängnis. Braucht man sich da zu wundern, wenn sich ein gesundes und normal veranlagtes Pferd nach vielen Stunden Langeweile und Bewegungsmangel wild und ungestüm gebärdet, sobald es auf einmal losgelassen wird? Man kann es nicht oft genug sagen: Pferde sind Lauftiere!

Es ist erfreulich, dass ich heute, wenn ich in Deutschland durch die Lande fahre, mehr Pferde auf den Weiden stehen sehe, als je zuvor. Auch wenn das Wetter mal kein Bilderbuchwetter ist. Pferde sind nicht aus Watte und auch nicht aus Zuckerguss, und wenn mir irgendwelche Pferde leidtun, dann sind es die, die tagaus tagein blitzblank geputzt in einer Box stehen, und darauf warten, dass sie jemand herausholt, um eine Stunde zu reiten. Ja, *Horsemanship* bezieht sich nicht allein auf das Reiten, sondern auch auf die Unterbringung und Versorgung und auf die Aufmerksamkeit, die wir unseren so genannten Kameraden zukommen lassen.

Der nächste Morgen ist kalt, aber der Himmel klar. Westen Cole, ein junger Cowboy, arbeitet in diesem Jahr zum ersten Mal auf der Ranch. Eigentlich hat Dean auch mitreiten wollen, aber dann ist es ihm doch noch mal anders gekommen. Er weiß, wie gern ich in die Berge hinaufreite, und es ist nicht das erste Mal, dass ich helfen werde, Rinder oder Pferde zusammenzutreiben. Jedenfalls meint Dean, wir beide würden das schon packen. Doch wie immer im kanadischen Busch vergeht unnötig viel Zeit, bis wir endlich loskommen, Wes und ich. Wir reiten schweigend hintereinander her am Ufer des Sees entlang. Ein paar Wildenten flattern auf und davon, um sich ein Stück weiter wieder auf die Wasseroberfläche niedergleiten zu lassen. Biegung um Biegung schlängeln wir uns durch den dunklen kanadischen Fichtenwald. Nur manchmal sehen wir in der Ferne die Gipfel der Berge, der *Coast Mountains,* diesem rauen und manchmal sogar ein bisschen eintönig wirkenden Gebirgszug, der jetzt von der aufgehenden Sonne beschienen wird.

Felsen, Bergkämme und Pferde wie Gämsen

Pedro ist ein gutes Pferd. Ich kenne ihn längst in- und auswendig, diesen Pinto, der mir immer zur Verfügung steht, wenn ich hier bin, fast so, als gehöre er mir. Manchmal könnte man meinen, er ahne nicht nur, wo es langgeht, sondern er sehe mit geradezu hellseherischer Fähigkeit unvorhersehbare Situationen und Gefahren voraus. Eine ganze Weile geht es auf einem schmalen Pfad durch dichten Fichtenbestand. Wir reiten hintereinander her, klettern brav nacheinander über umgestürzte Baumstämme, über Felsbrocken, waten hin und wieder durch ein Bächlein, das sich seinen Weg zum See sucht. Riesige Farne deuten Feuchtgebiete an, wo es durchaus passieren kann, dass die Pferde plötzlich fast bis zum Bauch in den Morast einsinken. Dann heißt es, dem Tier einfach die Zügel, die ja ohnehin durchhängend gehalten werden, ganz hinzugeben und es stapfen und strampeln zu lassen, bis es wieder festen Boden unter den Hufen hat.

Der Weg, den wir zurücklegen wollen, ist lang, und es wird bald nur noch bergauf gehen. Dean lässt seine Pferde im Frühjahr einfach laufen, und er weiß, dass sie im Laufe des Sommers immer mehr in die Berge hineinwandern auf der ständigen Suche nach Gräsern und Kräutern. Bevor sich das Jahr dann seinem Ende zuneigt, werden sie dann gesucht und wieder zurück zur Ranch getrieben. Dabei ist es immer spannend zu sehen, ob das eine oder andere fehlt – vielleicht Opfer von Raubtieren geworden ist – oder ob sich Zuwachs eingestellt hat. Während all dieser Monate sind sie vollkommen auf sich gestellt. Pferde sind wählerisch bei der Suche nach Futter und so sind sie unausgesetzt in Bewegung. Als Herde, als fester Verbund, in dem sich jedes Tier auf das andere verlassen kann, in dem aber auch eine klare Rangordnung mit klar definierten Aufgaben herrscht.

Nach vielleicht zwei Stunden gemächlichen Rittes auf schmalen, gewundenen, vom Wild über Jahrhunderte hinweg zurechtgetrampelten Trails beginnt endlich der Aufstieg ins Gebirge. Zunächst sind es nur sanfte Hügel und nur noch teilweise bewaldete Berghänge, und Wes meint, dass wir vielleicht schon bald auf die Herde stoßen könnten. Das harte Präriegras steht hüfthoch, von Pferden ist jedoch weit und breit nichts zu sehen. Wir machen Halt und suchen mit dem Fernglas die ganze offene Landschaft ab. Nichts. Plötzlich schreckt ein Bock auf und rennt mit mächtigen Sprüngen davon. Ein Weißwedel-Hirsch ist es mit einem Gehörn, das jeden Trophäenjäger begeistern würde. Unsere Pferde nehmen kaum Notiz von ihm, trotten Schritt für Schritt vorwärts, fleißig, gleichmäßig, ohne, dass man sie groß antreiben muss. Von Osten her wärmt uns jetzt die Herbstsonne angenehm auf und nach

einiger Zeit können wir unsere Daunenjacken aus-
ziehen. Wir machen immer wieder Halt, werfen einen Blick zurück über den weit ausgedehnten Fichtenwald hinweg, durch den wir gekommen sind, und
hinüber zum See, der wie ein blank geputzter Spiegel zwischen den Bäumen und den Wiesen liegt,
und an dessen anderem Ufer die Ranch liegt. Man
kann sie von hier aus nicht mehr sehen. Ja, wir haben eine ordentliche Strecke zurückgelegt. Ein
Stück noch geht es bergauf, dann gönnen wir den
Pferden eine Verschnaufpause.

Wir haben die Höhe des Bergzugs erreicht, von
wo aus der Blick auch in die andere Richtung frei
wird. Bergzüge und bizarre Gipfel säumen den Horizont dort. Unsere Pferde bleiben wie angewurzelt
mit herunterhängenden Zügeln stehen, während wir
uns ein wenig ins Gras setzen. Wes dreht für uns
beide zwei Zigaretten und holt zwei Cola-Büchsen
aus den Packtaschen. Himmlische Ruhe umgibt
uns. Die Pferde schnauben hin und wieder. Irgendwo kreischt ein Habicht. Wes nimmt wieder
seinen lädierten Feldstecher und steht auf und
sucht noch einmal langsam und sorgfältig die Gegend mit den Augen ab. Die Pferde können überall
sein. Vielleicht sind wir nur einen Steinwurf entfernt
oder wir sind gar schon an ihnen vorbeigeritten, wer
weiß? Nach einer Weile reicht er das Fernglas mir.

"Schau du mal, ob du was siehst!" fordert er
mich auf und wirft die heruntergerauchte Zigarette
auf den Boden und tritt sie sorgfältig mit dem Stiefel
aus.

"Nichts." Auch ich kann nichts entdecken.

"Reiten wir weiter!"

"Welche Richtung?"

Wes zuckt die Achseln.

Wir steigen in die Sättel und reiten nebeneinander her. Wir folgen dem breitrückigen Bergzug, auf dem man galoppieren kann, so dass wir endlich etwas flotter vorwärtskommen. Die Pferde, obwohl sie schon drei Stunden gegangen sind, zeigen nicht die geringsten Anzeichen von Müdigkeit. Wieder halten wir an und suchen mit dem Feldstecher sorgfältig das nächste Tal ab. Das Tal ist lang und weit und an den Flanken teilweise bewaldet. Die freien, von sehr hohem Gras bedeckten Flächen sind ideales Weideland. Vielleicht sind die verdammten Gäule dort irgendwo? Irgendetwas rührt sich da unten. Ich stelle das Okular etwas schärfer. Etwas streift da durchs hohe Gras, aber ein Pferd ist es nicht. Ein Wolf etwa? Wenn ja, dann ist er sicher nicht allein.

"Schau mal!" Ich reiche Wes den Feldstecher.

"Sehe nichts!" Er gibt ihn mir zurück, und ich brauchte eine Weile, bis ich es wieder im Blick habe, dieses Etwas. Richtig, es ist ein Wolf oder ein ziemlich großer Kojote, ganz genau kann ich es auf diese Entfernung nicht ausmachen.

Wir reiten weiter, und schauen noch einmal nach dem herumschleichenden Räuber, haben ihn aber wieder aus den Augen verloren. Endgültig. Es dauert eine ganze Weile, bis wir auf einmal auf etwas weniger Schönes treffen; den Kadaver eines Kalbes, der eigentlich nur noch aus einem struppigen Stück Fell, einigen Knochen und der Hälfte des Kopfes besteht. Es sieht ekelhaft aus. Und ich stelle mir vor, wie es für das Tierchen gewesen sein muss, als ihm von den Raubtieren der Garaus gemacht wurde. Doch das ist die Wildnis, das ist Natur!

Es wird Nachmittag, und wir legen eine kleine Pause ein, um etwas zu essen. Dazu werden die Pferde an Bäume gebunden, und wir setzen uns ins Gras. Ob wir zurückreiten sollten? Es dabei belassen für heute? Immer wieder suchen wir mit dem Feldstecher die Gegend ab, und wir haben eine gute Sicht von hier oben, weit über das Hügelland hinweg in alle Richtungen. Noch überlegen wir, was wir tun sollen, als Wes tatsächlich entdeckt, was wir suchen.

"Schau, da drüben!" er reicht mir das Glas.

"Pferde!"

"Wie viele, denkst du, sind es?"

Ich zucke die Achseln. "Schwer zu sagen. - Zehn, zwanzig..."

"Reiten wir hin!"

Wir steigen wieder in den Sattel und reiten los. Wieder geht es hinunter ins Tal und wieder auf der anderen Seite bergauf. Wir schonen die Pferde, so gut es geht, denn wenn wir erst einmal die halbwilden Zossen erreicht haben, werden unsere beiden ihre Kondition brauchen. Ein Stück geht es durch lichten Wald, dann erreichen wir die Bergkuppe, wo wir die Pferde gesehen haben. Und richtig, zwei von ihnen stehen plötzlich vor uns. Wir zügeln die unseren und warteten einen Augenblick. Da treten noch zwei aus dem Dickicht, es ist eine Stute mit ihrem Fohlen. Alle Tiere sind rund und fett. Langsam reiten wir näher heran. Ganz ruhig, und ohne direkt auf sie zuzureiten, sondern in einem leichten Bogen, um den Tieren keine Angst einzujagen oder sie mehr zu verunsichern, als wir es ohnehin schon taten.

Jetzt kommt Bewegung in die kleine Herde. Sie trottet fast gelangweilt, aber stetig von uns weg. Und wir folgen - ebenso gemächlich. Da kommen auf einmal fünf oder sechs weitere dazu. Die Tiere halten sich eng aneinander und schauen zu uns herüber. Eine kleine, braune Stute wird jetzt sichtlich unruhig. Sie ist offensichtlich der Boss, das Leittier, das sich wohl verantwortlich fühlt für den ganzen Haufen. Unbeirrt reiten wir langsam weiter vorwärts und trieben die Tiere auf einmal vor uns her. Nur die kleine Braune will keine Ruhe geben, ihr passt das ganze offensichtlich nicht, und sie umkreist die anderen Tiere, während die anderen dicht auf einem Haufen bleiben, und dreht immer wieder den Kopf nach uns um. Manchmal bleibt sie kurz stehen und schnaubt laut hörbar. Immer mehr Pferde gesellen sich dazu und bald sind es mehr als zwanzig Stück. Sie fangen an zu traben, folgen der

Leitstute, die die Führung übernommen hat. Trotzdem passiert nichts überstützt, trotzdem ist keine Panik zu spüren.

"Immer hinten bleiben!" faucht Wes zu mir herüber, "ich auf dieser Seite, du drüben!"

Ich tue, was er sagt.

"Sie dürfen nicht in Panik geraten, sonst verlieren wir sie wieder. Wir folgen ihnen einfach in gleichbleibendem Abstand."

Es sind keine Wildpferde, denen wir folgen, auch keine verwilderten, die noch nie einen Menschen gesehen haben, es sind Deans Pferde, und doch hat der Sommer draußen in der Wildnis ihre Urinstinkte wieder geschärft. Dean und seine Jungs werden das eine oder andere von ihnen in den nächsten Monaten zureiten und der Ranch werden weitere gute Reitpferde zur Verfügung stehen. Aber im Augenblick sind wir einfach Fremde für sie, eine unkalkulierbare Gefahr. Pferde sind Fluchttiere, wie wir alle wissen. Die Flucht ist ihre Lebensversicherung.

Der Bergzug zieht sich lang dahin, links und rechts fällt das Gelände nicht senkrecht, aber doch recht steil ab, und nur einzelne Bäume und Büsche stehen im Weg. Doch nach einiger Zeit wird es schwieriger, dieses Gelände, der Baumbestand wird dichter, wir müssen uns immer wieder ducken, um nicht an einem Ast hängen zu bleiben, und die

Herde ist nun eindeutig im Vorteil. Wir können nicht mehr mithalten.

Wes hält seinen schwarz-weißen Pinto an.

"Was ist?" will ich wissen.

"Lass sie gehen und zur Ruhe kommen," sagt er und fummelt Papier und Tabak aus der Tasche und dreht sich eine Zigarette. Wir reiten vorsichtig auf dem immer schlüpfriger werdenden Grund, und bald haben wir auch das letzte unserer so mühsam gesuchten und endlich gefundenen Pferde aus den Augen verloren.

"Und jetzt?"

"Wir können hier leicht ihren Spuren folgen. Sie werden sich wieder beruhigen und dann haben wir sie wieder."

"Sofern sie dorthin gehen, wo wir wollen." Ich bin skeptisch.

„Sie gehen ins Tal."

"Im Augenblick ja."

Auch wir reiten jetzt hinunter, aber das bedeutet auch, hinein in den Wald. reiten Der Waldboden ist jedoch weich, und die Spuren leicht gut zu sehen. Wir durchqueren einige Sumpflöcher, in denen unsere Pferde tief einsinken, und folgen unbeirrt den frischen Hufspuren und den Pferdeäpfeln, die teilweise noch dampfen, und die nach und nach, je felsiger jetzt der Untergrund wird, bald der einzige Hinweis sind, dass die gesuchten Pferde hier gegangen sind. Doch irgendwann verlieren wir die Spur ganz. Was haben wir falsch gemacht? Was verpennt? Vor allem, wie finden wir die Spur wieder?

"Wir müssen wieder ein Stück zurück," rate ich. "Sind wahrscheinlich in eine andere Richtung gelaufen, die verdammten *Cayouses*!"

"Wieder nach oben, meinst du?" Wes verzieht das Gesicht. "Da sind Felsen, nichts als Felsen."

Von der Sonne ist inzwischen nichts mehr zu sehen und mit ihrem Verschwinden hat sich Kälte ausgebreitet. Der Himmel ist klar. Ich schaue auf die Uhr. Es ist fast fünf Uhr, und wir befinden uns buchstäblich ,jenseits von nirgendwo.

"*Bullshit!*"

Es blieb uns nichts anderes übrig, wir müssen wieder bergauf. Bald klettern die Pferde mehr, als dass sie gehen, andererseits wird mit zunehmender Höhe auch der Baumbestand wieder lichter, so dass die Herde leichter auszumachen ist, falls wir sie wieder zu Gesicht bekommen sollten. Falls! Nach kurzer Zeit finden wir wieder erste Pferdeäpfel - frisch und dampfend. Wir sind richtig!

"Wir kriegen sie noch, die verdammten..." Der Cowboy spürt offensichtlich sein Jägerblut wallen.

"Die Frage ist bloß wann."

"Wir kriegen sie."

"Weißt du, wie spät es ist? Und wir haben keinen Schimmer, wo wir sind."

"Wir haben Feuer und ein Gewehr."

"Und es ist arschkalt."

Wir reiten weiter. Unsere Pferde zeigen sich als hervorragende Kletterer. Wie Gämsen fast kraxeln sie über das Gestein. Wir lassen sie machen. Cowboys versuchen nicht, in schwierigem Gelände ihr Pferd zu "unterstützen", weil es meistens mehr ein Stören ist. Pferde sind am trittsichersten, sagen sie, wenn man sie ganz sich selber und ihrem Instinkt überlässt. Ich glaube, sie haben nicht ganz Unrecht, diese Cowboys! Warum sollten wir einem Pferd bei etwas helfen, was es viel besser ohne uns kann? Man steht leicht auf in den Steigbügeln, stört es möglichst nicht mit den Zügeln und lässt es einfach machen. Doch irgendwann einmal kommen wir tatsächlich einfach nicht mehr weiter. Nur noch Felsen und Abgründe, wohin man auch schaut. *Rimrocks* nennt Wes diese bizarre Felsenlandschaft. Wie lange werden wir überhaupt noch irgendetwas sehen? Die Dämmerung ist weit fortgeschritten, und auch wenn sie sich im Norden länger hinzieht, irgendwann wir es dunkel sein.

Wir halten an. Wes bleibt bei den Pferden, während ich ein Stück den Felsen hochkletterte und versuche, irgendetwas zu sehen. Doch alles, was ich unter mir zu Gesicht bekomme, ist, Wildnis und nichts als Wildnis, Felsen und Wald, und nur, wenn ich mich nicht ganz täusche, ganz weit dahinter der mattglänzende Spiegel eines Sees. Der *Tatelkuz Lake*! Der Ort, wohin wir zurückmüssen.

Ich genieße den gewaltigen Ausblick einige Minuten lang, versuche auch, die gesuchten Pferde doch noch zu sehen, frage mich dann aber, ob wir die Nacht tatsächlich hier oben verbringen werden. Eine zwar verdammt romanische, aber keineswegs angenehme Vorstellung! Aber wir haben ja Feuer und ein Gewehr und Munition, hat Wes gesagt. Welch ein Luxus! Irgendwo heult ein Kojote, einer der Burschen die immer und überall gegenwärtig sind, und bald stimmt ein zweiter in das Totengeheul ein noch einer und dann nach und nach ein ganzes Rudel. Ich gehe zu Wes und unseren Reitpferden zurück.

"Reiten wir zurück?" frage ich.

"Konntest du was entdecken?"

"Nicht die Spur!"

Wir geben die Suche auf. Morgen ist auch noch ein Tag, und vielleicht ist die Herde auch Richtung See und Richtung Ranch gewandert. Auch sie wissen, wo sie daheim sind, und dass das Jahr seinem Ende entgegengeht. Nein, Pferde sind nicht dumm!

Wir treten den Rückweg an. Und der wird noch beschwerlich genug sein. Inzwischen ist es dunkel, der Mond scheint am sternenklaren Himmel, aber er ist nicht so rund und voll, dass man von einer guten Sicht reden kann. In diesem felsigen Gelände ist das ganz und gar nicht ungefährlich. Ich bin begeistert von der Trittsicherheit der Pferde, die sich wirklich wie Gämsen bewegen. Den Gedanken, dass sich auch ein Grizzlybär irgendwo herumtreiben könnte, verdrängen wir, das Thema ist, den Weg in die Talsohle zu meistern, ohne dass eines der Pferde stürzt.

Schweigend reiten wir hintereinander her, auf einem schmalen, gewundenen Pfad, den irgendwann einmal wilde Tiere angelegt haben. Und wieder lassen wir die Pferde den Weg selber suchen. Im Wald ist es dann tatsächlich stockfinster, und es braucht unsere ganze Aufmerksamkeit, um nicht von einem querliegenden Baumstamm oder von einem Ast vom Pferd gefegt zu werden. Manchmal tasten sich die Tiere regelrecht vorwärts, und oft erkennen wir erst hinterher, dass sie sich durch ein Schlammloch oder über einen Baumstamm gehangelt haben. Und dann geschieht doch, was wir längst abgehakt haben: Wir haben bereits die Talsohle erreicht, und der Mond wirft ein fahles Licht auf das sich allmählich öffnende Gelände. Unsere seit zwei oder drei Stunden in gleichmäßigem Trott Richtung Heimat ziehenden Pferde blieben plötzlich stehen und reißen die Köpfe hoch und spielen mit den Ohren. Dann fängt Pedro zu wiehern an, und auch Wes' Pferd stimmt ein. Und von irgendwo her aus der Dunkelheit wird das Wiehern beantwortet.

"Die verdammten Gäule!" entfährt es Wes. "Das sind *unsere* verdammten Gäule! Die, die wir, verdammt nochmal, schon den ganzen Tag suchen!"

Und tatsächlich sieht man im Halbdunkel vor uns sich etwas schemenhaft bewegen. Das kann doch nicht wahr sein!

Wir treiben unsere Reitpferde zu fleißigerem Schritt an, und die "Geisterpferde" vor uns fangen an, vor uns her in einen Trab zu fallen. Immer mehr werden es, und sie versammeln sich zu einer geschlossenen Herde, und das Gelände wird besser und übersichtlicher, und man kann, wenn man ein bisschen aufpasst, hier sogar galoppieren. Vor uns wird die Wasserfläche des Sees erkennbar. Wir haben gewonnen! Die Müdigkeit, die uns vor einer kurzen Weile noch in den Knochen gesessen hat, ist wie weggeblasen. Eiskalt ist's, der Himmel klar, und die Sichel des Mondes spendet hier genügend Licht. Wir kommen flott vorwärts. Nach einer Weile schließlich werden auch die Umrisse der Blockhäuser auf der *Tatelkuz Ranch* sichtbar. Daheim! Wasser spritzt noch ein paarmal unangenehm eisig an uns hoch, doch dann erreichten wir die große Weidefläche der Ranch und den Coral, in den die ganze Herde jetzt so völlig problemlos hineintrabt, als habe sie nie etwas anderes im Sinn gehabt.

Wann habe ich jemals die Wärme eines Holzofens so angenehm empfunden, wie in dieser Nacht, als wir beide endlich in der Hütte sind? Mitternacht ist vorbei, unsere Reitpferde haben wir abgesattelt und zu den anderen, den "Halbwilden" in den Coral entlassen, und wir beide, Wes und ich, haben eine Belohnung verdient. Wir schneiden uns zwei riesige Steaks von dem Elch, der in einem Schuppen hängt, ab und schmeißen sie in die Pfanne.

Das *Round Up* ist beendet. Und gelungen! Es gehört im Herbst zu den wichtigsten Aufgaben der Cowboys, die Tiere – Pferde ebenso wie die Rinder – rechtzeitig auf die Ranch zurückzutreiben, ehe es kalt wird und Schnee fällt. Ehe der Winter das ganze Land mit einer weißen Decke überzieht und die Luft Temperaturen erreicht, an die wir in Mitteleuropa kaum zu denken wagen. Dann werden auch die Bären, ehe sie sich zum Winterschlaf zurückziehen, allmählich von Hunger geplagt, der sie die Scheu verlieren lässt, sich einmal an einem Pferd oder einem Rind zu verkostigen. Schlimmer noch erwischt es dann die Pumas und Wölfe, die sich nicht irgendwo einzunisten und warten können, bis es wieder milder wird. Sie können sich die Scheu, auch eine größere Herde zu bedrängen, um Beute zu schlagen, dann nicht mehr leisten, falls sie nicht mehr genügend Wild zur Strecke bringen können. Das Leben in der Wildnis ist hart und unerbittlich, aber auch atemberaubend und faszinierend! Und sehr lehrreich. Wir haben unsere Pferde gefunden und heimgebracht, auch wenn es zunächst danach ausgesehen hat, als müsse man noch einmal von vorne anfangen und suchen, und sich eine kalte Nacht um die Ohren schlagen und all das. Wir sind ein bisschen stolz, nein, wir sind verdammt stolz!

Werde ich je wieder Gelegenheit haben, ganz und gar Cowboy zu sein, so wie heute? Werde ich diesen Tag jemals vergessen?

Während Westen Cole und ich unterwegs gewesen sind, um die Pferde zusammenzutreiben, hat Dean mit zwei anderen Jungs nach den Rindern geschaut und sie heimgetrieben. Sie waren nicht so weit entfernt gewesen, wie die Pferde, so hat ihr *Round Up* nur wenige Stunden gedauert. Der Rancher ist zufrieden. Während bei den Pferden nur drei Stuten während des Sommers geworfen haben, hat sich bei den Rindern ganz ordentlich Zuwachs eingestellt. Jetzt gilt es, sie über den Winter zu bringen, und im nächsten Jahr dürfen sie wieder hinaus in die Wildnis, sofern sie auf der Ranch nicht gebraucht werden. Und sie werden sich wieder vermehren.

Kein Touristen Rodeo

Zwei Tage später werden die Jungtiere gebrannt. Damit ist jeder Zweifel ein-für allemal ausgeräumt, wem sie gehören. Hier hat sich in den letzten hundert oder zweihundert Jahren nichts geändert. Wir beginnen gleich nach dem Frühstück damit. Wir treiben eine kleine Herde von Rindern in einen großen Coral, Muttertiere, Kälber, auch ein paar Stiere, alles bunt gemischt. Währenddessen macht ein anderer das Kohlefeuer zurecht und richtet das Brandeisen und alles, was man sonst so braucht, her.

Zwei von uns flankieren die Herde links und rechts, der dritte treibt von hinten, lässt sein Lasso über dem Kopf kreisen und stößt anfeuernde Rufe aus. Die Tiere sind nicht unwillig, doch die derben Fichtenstämme, die die große, sandige Fläche umzäunen, auf die man sie zutreibt, sind ihnen nicht ganz geheuer. Sie sind es gewohnt, draußen im Busch zu leben, wo sie gehen können, wohin sie wollen, wo die Herde ihnen Schutz vor Bären und Wölfen bietet, und die Kälber, die während des Sommers zur Welt gekommen sind, haben überhaupt noch nie einen Menschen gesehen und sind auch noch nie irgendwo eingesperrt gewesen. Und jetzt sind auf einmal wieder diese Typen auf ihren Pferden da, die sie durch die Gegend bugsieren. Rinder sind Herdentiere, und wenn auch das eine oder andere ausbricht, so kann man es doch mit etwas Geschick und Erfahrung wieder zu den anderen zurückbringen, denn der ganze Haufen läuft nie auseinander. Während der Herdentrieb jetzt ein Vorteil ist, wird nachher allerdings zum Problem werden, wenn es darum geht, einzelne Kälber von den anderen, und vor allem natürlich von ihrer Mutter zu trennen, und sie einzufangen, damit ihnen das Brandzeichen der Ranch aufs Fell gedrückt werden kann.

Das Gatter wird geschlossen. Mein Job im Sattel ist damit beendet, denn was jetzt kommt, ist Sache der Profis. Der echten Profis!

Zwanzig oder fünfundzwanzig Kühe stehen mit ebenso vielen Kälbern auf einem Haufen und schauen mehr oder weniger verdutzt aus der Wäsche. Dean und David reiten ruhig innen am Zaun entlang. Beide halten sie ihr Lasso in der rechten Hand, während Dean sich eines der Kälber aussucht. Dann nickt er und galoppiert an. In einem ruhigen, runden und ganz langsamen Galopp nähert er sich der ersten Kuh und ihrem Kalb. Sie wird unruhig, als sie merkt, dass er es auf sie abgesehen hat. Irgendetwas passiert gleich, das sagt ihr ihr Instinkt. Sie läuft vor dem anrückenden Reiter davon, ganz dicht gefolgt vom Kleinen, will zur Herde zurück, doch die beiden Reiter lassen sie nicht. Sie wird nervös, Flucht scheint ihr die einige Lösung zu sein, doch wie ein abgeschossener Pfeil prescht Dean jetzt los. Das Lasso kreist über seinem Kopf.

Die Kuh schlägt Haken, Deans Wallach ebenfalls. Blitzartige Stopps, schnelles Drehen auf der Hinterhand, drei Galoppsprünge nach links, dann drei nach rechts, die Kuh und ihr Kalb wollen zur Herde zurück, koste es, was es wolle, doch immer schneidet Dean ihr in Sekundenschnelle den Weg ab, dann endlich lässt er das Lasso fliegen. Es gleitet zielgenau über den Kopf des Kalbes, zieht sich zusammen. Das Kalb bockt, und Dean muss aufpassen, dass sich die Mutter nicht zwischen ihn und das Kleine drängt. Ob sie sich wohl traut, ihn anzugreifen? Da ist bereits David zur Stelle, als *Healer*, wie man den nennt, der die nicht ganz einfache Aufgabe hat, mit seinem Lasso die Hinterbeine – die *Heals* - des Kalbes zu erwischen. Zwei oder drei Versuche braucht er, dann klappt es.

Wie auf Knopfdruck stehen beide Pferde still. Dean befestigt sein Lasso mit einem einzigen einfachen Knoten am Sattelhorn und springt aus dem Sattel. Die beiden Pferde halten die Lassos eigenständig unter Spannung. Mit einem gekonnten Griff wirft Dean das Kalb in den Sand und fixiert es mit dem Knie. Alles muss jetzt schnell gehen. Jetzt bin auch ich nochmal an der Reihe. Ein klein wenig nur! Zusammen mit Bud eile auf Dean und das am Boden liegende und sich heftig wehrende Kalb zu. Bud hat das rotglühende Brandeisen in der Hand. Ich helfe Dean, das Kalb auf den Boden zu drücken, und ihm die Mutterkuh vom Hals zu halten, falls sie anrücken sollte. Bud drückt das Eisen auf den Oberschenkel des Kalbes, es zischt kurz, raucht, stinkt nach verbranntem Horn, doch wenige Sekunden später ist alles vorbei. Die Lassos werden gelöst, das Kalb springt auf, läuft zu seiner Mutter, die schlagartig aufhört, sich wie eine Furie zu benehmen, und die beiden trotten davon. Dean wischt sich den Schweiß von der Stirn, klettert wieder in den Sattel seines Quarter Horses. Das nächste Kalb ist an der Reihe.

Die Wendigkeit, mit der Deans Wallach hin und her flitzt, stoppt, sich dreht, sein Tempo genau dosiert, ohne dass irgendeine „Anweisung" durch Zügel, Schenkel, oder gar Sporen zu erkennen ist, ist atemberaubend. Ein Pferd, auf das man sich bei der Rinderarbeit verlassen können will, braucht das, was der Cowboy *Cow Sence* nennt, es muss einen natürlichen Sinn dafür haben, auf das Verhalten und die Reaktionen eines Rindes oder Kalbes einzugehen, ohne dabei die Nerven zu verlieren. Es muss selbständig handeln, so wie ein guter Schäferhund, der genau weiß, was er zu tun hat. Auch wenn sich dann die Schlinge des Lassos um den Hals des Kalbes – oder eines Rindes - legt und zuzieht, und der Rancher aus dem Sattel springt, muss das Pferd selbständig das Lasso auf Spannung halten und so seinen Reiter unterstützen, wenn der das sich heftig zur Wehr setzende Tier zu Boden wirft. Ein Cowboypferd ist mehr als ein Reittier, es ist ein loyaler und zuverlässiger „Arbeitskollege".

Dean ist ins Schwitzen gekommen. Er nimmt den Hut ab und wischt sich mit dem Ärmel die Stirn ab und schlurft zum Zaun. Sein Pferd folgt ihm unaufgefordert. Alles hat nur Minuten gedauert, jeder Handgriff hat gesessen, und gleich ist das nächste dran.

Als Dean wieder im Sattel sitzt und in einem sehr langsamen Galopp wieder auf die Rinderherde zureitet, wirkt sein Pferd ebenso gelassen wie er selbst. Welches Kalb sucht er sich jetzt aus? Was wird seine Mutter dieses Kälbchens jetzt tun, um es vor dem Mann auf dem Pferd zu beschützen? Wir sie aggressiv sein oder eher ängstlich? Der Tag ist noch lang, und es sind noch eine ganze Reihe junger Kälber mit dem Brandzeichen er Ranch zu versehen.

Wenn man dann abends noch draußen beisammensitzt und Kaffee trinkt, kehrt endlich Ruhe ein, eine wohltuende Ruhe und Stille. Man redete noch über vieles, was sich heute abgespielt hat, über das eine oder das andere Kalb, einen verstauchten Knochen vielleicht, über das Wetter, das jetzt jeden Tag umschlagen kann. Ja, das wichtigste ist erledigt worden heute. Gut, dass das Wetter mitgespielt hat. Man dreht sich eine Zigarette und brennt sie mit einem Stück Holz, das man aus dem Feuer holt, an und lässt die Dunkelheit allmählich hereinbrechen. Im Coral schnauben die Pferde, und ein paar von ihnen scharren mit den Hufen. Die Welt scheint aufgehört zu haben, sich zu drehen

Den Pferden verschworen

In Oklahoma lebt ein inzwischen alter Indianer, der sich einen weitreichenden Ruf erarbeitet hat, auch die schwierigsten Pferde, Pferde, die misshandelt worden sind, vielleicht Traumata erlebt haben, wieder reitbar zu machen. Auf seiner Ranch landen Tiere aus allen Bereichen der Reiterei, vom Cowboypferd bis zu hochsensiblen Dressurpferden oder begabten, aber verdorbenen Springpferden. Wird er gefragt, wie lange er braucht, um ein solches Tier wieder „brauchbar" zu machen, erntet der Besitzer allenfalls ein Achselzucken. Natürlich darf man den betagten Dakota Sioux besuchen, und man darf ihm auch bei der Arbeit zuschauen, aber in aller Regel sind die Besucher enttäuscht von dem, was er tut, nämlich nichts.

Stundenlang, manchmal auch tagelang sitzt der Indianer regungslos auf dem Zaun, hinter dem das zu „therapierende" Pferd umhertrottet, vielleicht allein, vielleicht auch mit anderen zusammen, und schaut ihm einfach nur zu. Ihn zu einem Interview zu bekommen, ist nicht ganz einfach, umso einfacher ist seine Antwort, wenn er gefragt wird, was er denn mit den Pferden – besonders mit außergewöhnlich schwierigen Pferden – macht. „Ich schaue ihm zu."

Jedes noch so feine Zucken der Muskeln, jeder Blick ebenso wie das Bewegen der Lippen oder der

Ohren oder des Schweifes ist für ihn ein Kapitel eines wunderbaren Buches, aus dem er schließt, was ihm fehlt und wie ihm geholfen werden kann."

Ich halte den Begriff „Pferdeflüsterer" für keine besonders gelungene Wahl. Und doch hat es solche Leute immer gegeben und gibt sie Gott sei Dank auch heute. Es müssen durchaus nicht immer besonders hartgesottene Cowboys oder sonstige Naturburschen sein, die außer Pferden und Nächte am Lagerfeuer zu verbringen nichts kennen, die aber vom Zusammenleben mit Pferden so geprägt sind, dass es sich in ihrem ganzen Verhalten niederschlägt. Es sind einfach nur Männer und Frauen, die sich von Pferden besonders angezogen fühlten und die ein besonderes Verhältnis zu ihnen aufgebaut haben. Ein Verhältnis, das nicht durch sportliche Lorbeeren oder, wie in früheren Zeiten, durch besondere militärische Leistungen gekennzeichnet ist, sondern die sich und ihre Pferde als Teil der Natur verstehen, und sich entsprechend verhalten. Dass die Geschichten um solche Menschen, besonders wenn es sich um Berühmtheiten handelt, oft mystifiziert sind, und die Grenze zwischen Dichtung und Wahrheit im Laufe der Jahrhunderte etwas verschwommen wurde, heißt nicht, dass sie im Kern nicht stimmen. Man weiß um die sieben Stuten Mohammeds, die bekanntlich das Leben des Propheten in nahezu jeder Beziehung teilten, mit denen er angeblich eine engere Gemeinschaft pflegte als mit den Frauen seines Harems. Man kennt auch die Erzählungen und Legenden um Alexander der Großen und seinen "Bucephalos", auf den er sich in jeder Lebenslage verlassen konnte. Und von Friedrich dem Großen ist bekannt, dass er nach orthodoxen Maßstäben alles andere als ein "guter" Reiter war, und doch mit seinem Pferd "Condé" eine Verbundenheit pflegte, die keinem noch so kritischen Lehrer oder Meister der königlich-preußischen Hofreitschule den Mut gab, seine Fähigkeiten in Frage zu stellen. Dieser große preußische König und Feldherr war ein sehr musischer und vor allem eigenwilliger Mensch, dem alles Militärische eigentlich zuwider war. Somit kümmerte er sich auch nicht um die akkuraten Regeln der preußischen Reiterei. Er saß, wie es in alten Schriften heißt, mit unmöglich kurzen Bügeln auf dem Pferd, verzogen und lässig, als hänge er in einem Lehnstuhl, hielt die Zügel nur mit zwei Fingern, einfach, um sie nicht ganz aus der Hand zu verlieren, und er trug auch nie Sporen. Und doch lebte das Pferd unter ihm vollkommen in seinem Willen, selbst im Getümmel eines Gefechts, so dass auch die geübtesten Husaren nur staunen konnten. Es ist überliefert, dass Condé ihm nachlief wie ein Hund, dass der König oft stundenlang mit ihm sprach, als sei er ein Mensch, dass er mit ihm seine Gedanken austauschte, und man den Eindruck hatte, als erhalte er auf eine geheimnisvolle Weise Antworten auf seine Fragen. All das machte Friedrich den Großen trotz aller Abweichungen von jeglicher Lehrmeinung zu einem hervorragenden

Reiter! Und man weiß um Carl-Friedrich von Langen, der nach dem verlorenen Ersten Weltkrieg, aus dem sowohl er als auch sein Pferd Hanko schwerverletzt zurückgekehrt war, die Reiterwelt in Erstaunen versetzte, als er unter anderem Olympisches Gold holte, und man ihn fragte, wie er solche Erfolge mit nur mittelmäßigen Pferden zustande bringe. Die Antwort war kurz, aber vielsagend: „Ich liebe meine Pferde und zeige es ihnen, und sie lieben mich, und zeigen es mir".

Pferde nicht einfach nur zu gebrauchen oder für unsere vielfältigen Aufgaben und Belange zu nutzen, sondern in ihnen wertvolle Partner zu sehen, bedeutet, dass wir ihre Fähigkeiten und vor allem ihr Naturell erkennen und schätzen müssen. Seit der inzwischen weltberühmte Monty Roberts sein erstes Buch „Der mit den Pferden spricht" veröffentlicht hat und dieses Buch zum Weltbestseller geworden ist, hat sich die Reihe der Leute, die die Geschichte der Reiterei in immer wieder neue Bahnen gelenkt haben und damit umwälzenden Erfolg hatte, gewaltig fortgesetzt. Eine besondere Erkenntnis unserer Tage dabei ist, dass das, was wir Menschen im Umgang mit Pferden lernen können, nützlicher ist für unsere persönliche und berufliche Entwicklung als vieles, was auf Hochschulen und in Managementseminaren gelehrt wird.

„Das höchste Glück der Erde...

... liegt auf dem Rücken der Pferde", heißt es. Jeder, der den Pferdebazillus in seinen Adern hat, wird dem zustimmen. Auch Technisierung und Motorisierung und damit das unabhängig Werden der Menschen vom Pferd haben der Faszination, die von den Pferden ausgeht, nichts anhaben können. Entweder man hat einen Bezug dazu, oder man hat ihn nicht, entweder man ist „infiziert", oder nicht! Viele Kavalleristen haben, obwohl sie auf ihre Pferde angewiesen waren, und Reiten zu ihrem Alltag gehörte, den Pferden als Lebewesen nichts abgewinnen können, haben ihre Gäule sogar gehasst und verflucht. Sie haben sie nie verstanden, weil sie sie gar nicht verstehen wollten. Und auch Cowboys oder Gauchos oder wer immer auch heute noch in den verschiedenen Teilen der Welt seine Brötchen im Sattel verdient, sind nicht alle automatisch Pferdeliebhaber. Das Reiten gehört zu ihrem Beruf, ist Broterwerb - mehr nicht. Schließlich flippt ja auch nicht jeder, der berufsbedingt täglich Auto fährt, vor Begeisterung aus, wenn er ein Auto sieht.

Für diejenigen aber, deren höchstes Glück der Erde auf dem Rücken der Pferde liegt, ist Reiten mehr als Sport, mehr als Freizeitgestaltung, mehr als Beruf, und das Pferd mehr als ein Mittel zum Zweck. Für mich - wie für Millionen andere Reiter – bedeutet "dieses höchste Glück", durch Wald und Feld zu reiten und diesen außergewöhnlichen

Hauch von Abenteuer zu genießen, auch wenn ich die Strecke, die ich reite, schon hundertmal zurückgelegt habe.

Den Traum, irgendwann mit richtigen Cowboys zusammen durch den Busch zu reiten und im Sattel Berge zu erklimmen, eine Herde halbwilder Pferde durch die Wildnis zu treiben und nachts mit Waldläufern und Fallenstellern am Lagerfeuer zu sitzen und im Hintergrund das Schnauben der Pferde zu hören, durfte ich Gott sei Dank oft erleben. Dankbar bin ich aber auch für jede Stunde, in der ich bis heute im Sattel in Wald und Flur unterwegs bin in meiner süddeutschen Heimat.

Wenn ich mir anmaße zu behaupten, Geländereiten als die faszinierendste Art zu reiten, dann berufe ich zu allererst auf die Natur des Pferdes, das als Lauftier in die freie Wildbahn gehört und nicht in eine Reithalle. Auch wir Menschen sind nicht geschaffen, um ausschließlich hinter einem Schreibtisch, vor dem Fernsehapparat oder am Biertisch zu sitzen. Zum zweiten verweise ich auf die Geschichte der Menschheit, von dem Zeitpunkt an, wo sich ihr Weg mit dem des Pferdes kreuzte und beide zu einer Lebens- und Arbeitsgemeinschaft wurden, bis heute, unserer Zeit des Freizeitreitens. Immer hat die Reiterei der Fortbewegung im Gelände gedient; Arenen, Hallen und Reitplätze sind immer nur Trainingsplätze gewesen. Hier sollte einfach eine gesunde Portion gegenseitiger Fairness und Toleranz von jedem, der sich "Sportler" nennt, erwartet werden können, auch von "Pferdesportlern". Dagegen muß von jedem, der sich Tierfreund nennt und der Reiterei verschrieben hat, erwartet werden, dass er seine Pferde als dem neben dem Hund ältesten und treuesten Gehilfen des Menschen endlich so behandelt, wie sie das verdient haben. In unserer Gesellschaft ist heute niemand mehr auf das Pferd angewiesen, um leben zu können, umso mehr jedoch bereiten Pferde unzähligen Menschen Freude in ihrer Freizeit. Gönnen wir also auch den Pferden ein bisschen Freude mit uns!

Ende

Von allen Tieren ist das Pferd der beste Freund
des Indianers, denn ohne es könnte er keine weiten Reisen unternehmen. Das Pferd ist der wert-
vollste Besitz des Indianers. Wenn ein Indianer
etwas Wichtiges vorhat, dann verspricht er seinem Pferd, es mit Erdfarben zu bemalen, wenn es
ihn unterstützt, so dass alle sehen können,
wie sein Pferd ihm geholfen hat.

Brave Buffalo, **Medizinmann der Teton Sioux**

Zeitfracht Medien GmbH
Ferdinand-Jühlke-Straße 7
99095 Erfurt, Deutschland
produktsicherheit@kolibri360.de